图书馆学导论

〔美〕皮尔斯·巴特勒　著

谢　欢　译

〔美〕杜云飞　审校

海洋出版社

2018年·北京

图书在版编目（CIP）数据

图书馆学导论/（美）皮尔斯·巴特勒（Pierce butler）著；谢欢译. —北京：海洋出版社，2018. 4

书名原文：An introduction to library science

ISBN 978-7-5210-0074-0

Ⅰ. ①图…　Ⅱ. ①皮…②谢…　Ⅲ. ①图书馆学-研究
Ⅳ. ①G250. 1

中国版本图书馆 CIP 数据核字（2018）第 063798 号

责任编辑：杨海萍　张　欣
责任印制：赵麟苏

海洋出版社　出版发行

http：//www. oceanpress. com. cn

北京市海淀区大慧寺路 8 号　邮编：100081

北京朝阳印刷厂有限责任公司印刷　新华书店发行所经销

2018 年 5 月第 1 版　2018 年 5 月北京第 1 次印刷

开　本：787 mm×1092 mm　1/32　　印　张：6. 75

字　数：87 千字　　定　价：39. 00 元

发行部：62132549　邮购部：68038093　总编室：62114335

中译本导言

2010年以来，在北大每年秋季图书馆学研究生的“图书馆学理论研究”课程上，我都要安排经典细读的课时，其中选读的文本就有巴特勒的这部《图书馆学导论》（1933年）。该书在1936年就有中译本①登载于武昌《文华图书馆学专科学校季刊》上，但其文言风格的行文，对原文意译的成分颇多。我曾经让同学们分头将本书的英文原版翻译出来，供大家讨论用，并期望将来能把同学们的译稿整理、润色，交由出版社出版。现在谢欢将这部书高质量地译出，与我可谓心有灵犀。他做了一件嘉惠学人的好事。

① 卜特勒．图书馆学问题［J］．李永安，译．文华图书馆学专科学校季刊，1936，8（1）：3-34.

研读《图书馆学导论》，首先应该注意以下两点：一、阅读本书时应对巴特勒有个简单的了解，中国文化传统提倡“知人论世”，了解了作者，有助于准确把握作者所言所想。二、这是一部八十多年前的上世纪的著作，我们今天阅读时，要仔细体会那时的芝加哥大学图书馆学研究生院（Graduate Library School，简称 GLS）所处的社会环境，这样才能更好地理解书中的含义。

皮尔斯·巴特勒（Pierce Butler）1886 年 12 月 19 日出生于芝加哥偏远郊区伊利诺伊州克拉伦登山（Clarendon Hills，Illinois），父母为约翰·巴特勒（John Butler）和伊娃·惠普尔·巴特勒（Eva C. Whipple Butler）。他是家里第三子，他 7 岁时随家搬迁到马萨诸塞州的皮茨菲尔德市。巴特勒童年多病，猩红热使他听力下降，小儿麻痹使他暂时跛足、脊柱弯曲。1902 年，因身体原因他以特殊学生的身份在乔治亚大学（University of Georgia）借读一年，1903 年转回皮茨菲尔德完成高中学业。1904 年至 1906 年，巴特勒在狄金森学院（Dickinson College）学习神学，在哲学和德国文学课程表现优异，获得神学士学位。1907年，巴特勒通过邮件得到了弗吉尼亚州奥兰治县的洛克斯特·戴尔军事学院（Locust Dale Military Academy）的工作，主要负责准备高考学生的数学、科学等科目，这与他预期中教授拉丁语、希腊语的想法大相径庭，于是他决定跟随兴趣，来到了联合神学院（Union Theological Seminary），在马基弗（A. C. McGiffert，1861—1933）和罗克韦尔（W. W. Rockwell）指导下进行中世纪历史和神学学习。两年后，巴特勒转学到哈特福德神学院（Hartford Theological Seminary）学习教会史，1910年获得神学士学位。1911年，通过狄金森学院的德国文学考试，获得硕士学位。随后两年，他继续留在哈特福德神学院，一边在图书馆工作，一边学习。此外，他每周去伯克利神学院（Berkeley Seminary），在古典学者迪恩·塞缪尔·哈特（Dean Samuel Hart）手下工作。1912年，巴特勒的博士论文

《爱任纽的基督学》（*Christology of Irenaeus*）通过答辩，他以此获得了神学博士学位①②。

获得学位后的巴特勒纠结于成为牧师还是教师，由于教职并无空缺，在迪恩·哈特的建议下，他选择了做学术性的传道士。1912 年，被新教教会任命为助祭，就职于印第安纳波利斯的圣徒大教堂（All Saint's Cathedral）。他负责年轻人的活动，偶尔主持小型传教、划分教区。一年后，意识到这个职位很少有机会能向成年人、学者传教，发现自己的听觉障碍在继续恶化，搬去了芝加哥。由于急需用钱，他就职于伯灵顿铁路的索赔委员会，并在此工作了 18 个月③④。

鉴于自己曾在大学图书馆担任过学生助理，巴特勒决定在这里找一份图书馆员的工作。在朋

---

① Bobinski, George Sylvan, et al. Dictionary of American Library Biography [M]. Libraries Unlimited, 1978: 66.

② Pargellis S. Pierce Butler: A Biographical Sketch [J]. Library Quarterly, 1952, 22 (3): 170-173.

③ Bobinski, George Sylvan, et al. Dictionary of American Library Biography [M]. Libraries Unlimited, 1978: 66.

④ Bell B I. Pierce Butler, Professor and Priest [J]. Library Quarterly, 1952, 22 (3): 174-176.

友的帮助下，1916年他成为了芝加哥纽贝里图书馆（Newberry Library）的参考助理。1917年，他被提拔为采购部门的负责人，并立即提请进行书目的系统核查以发现馆藏的缺口。当约翰·M. 温基金会（John M. Wing Foundation）的印刷史项目设立，巴特勒成为了它的第一任管理人并为其未来发展撰写了计划。1922年，由于听觉障碍，在芝加哥主教查尔斯·P. 安德森要求下，巴特勒辞去了助祭一职①。同年，巴特勒作为采购部负责人首次前往欧洲为图书馆和基金会进行图书采购，他凭借自己的机警和学识，以极好的价格购置了许多古籍。在纽贝里图书馆期间，巴特勒主要关注馆藏目录，整理并撰写了《纽贝里图书馆古籍目录》（*Check List of Incunabula in the Newberry Library*，1919）、《但丁：与展览有关的一系列选集》（*Dante：A select List of Books Prepared in connection with an exhibit*，1921）、《十

① Bell B I. Pierce Butler，Professor and Priest [J]. Library Quarterly，1952，22（3）：174-176.

五世纪印刷书籍目录》（*Check List of Books Printed during the Fifteenth Century*，1924）、《印刷书籍的前五十年（1450—1500）》（*The first fifty years of the printed book* 1450—1500，1925）、《维吉尔：手稿的早期版本和复制品展览》（*Virgil：an exhibition of early editions and facsimiles of manuscripts*，1930）、《纽贝里图书馆和芝加哥其他图书馆的十五世纪书籍目录》（*A Check List of Fifteenth Century Books in the Newberry Library and in Other Libraries of Chicago*，1933）等著作①，并都由纽贝里图书馆出版。这一时期，巴特勒的生活也有了重大变化。1926年，他与图书馆职员露丝·拉特姆（Ruth Lapham）结婚。1927年，受益于助听器的发展，他被新的主教乔治·克雷格·斯图尔特（George Craig Stewart）重新接纳，恢复为主教执政②。

---

① Anon. Bibliography of Pierce Butler［J］. Library Quarterly，1952，22（3）：165-169.

② Bell B I. Pierce Butler，Professor and Priest［J］. Library Quarterly，1952，22（3）：174-176.

从1928年起，巴特勒开始在芝加哥大学图书馆学研究生院兼职进行印刷史课程的讲授。芝大图书馆学研究生院成立于1926年，1928年秋正式招收第一届学生。巴特勒是其首任院长乔治·沃克斯（George Alan Works，1877—1957）引进的。沃克斯曾获得哈佛大学教育学博士学位，学术视野开阔。1931年，巴特勒正式成为芝加哥大学图书馆学研究生院的一员，担任目录学史的教授①，直到1952年7月退休。

纽贝里图书馆的多年工作为巴特勒积攒了不少图书馆实践经验，不过他觉得自己的经验在图书馆学中还是有限的。他所接触过的图书馆，诸如哈特福德神学院的威尔伯福斯图书馆、纽贝里图书馆等都是老式图书馆，可在芝大图书馆学研究生院教学和研究中，巴特勒却更多地关注现代图书馆学。芝大图书馆学研究生院在第一任院长沃克斯和第二任院长路易斯·威尔逊（Louis

① Pierce Butler. An Introduction to Library Science [M]. Chicago: The University of Chicago Press, 1933: vii.

Round Wilson，1876—1979）的带领下，在人才培养、学术研究方面取得了突出成就，形成了超越传统图书馆业务研究的重视读者阅读、强调运用科学方法、培养学生科学精神的教育特色①，以及倡导社会科学实证研究方法、跨学科教学与研究、面向社会超出图书馆机构范围研究取向的图书馆学芝加哥学派。

在这样一个学术环境里，巴特勒为自己设立的重要目标，就是撰写一部可供教学使用，并用广义术语来撰写的图书馆学理论著作②。巴特勒也确实做到了，他最为著名的作品——1933 年出版的《图书馆学导论》（*An Introduction to Library Science*）在图书馆学的文化思想和哲学层面留下了浓墨重彩的一笔。巴特勒以对现代科学性质的探讨作为认识图书馆学的基础和依据，试图构建科学的图书馆学体系。他揭示了图书馆是将社会

---

① 周亚．美国图书馆学教育思想研究（1883—1957）［D］．北京：北京大学信息管理系，2016：125-129.

② Anon. Bibliography of Pierce Butler ［J］. Library Quarterly, 1952, 22（3）：165-169.

记忆转移到人们意识之中的一种社会机构这一本质，抓住了图书馆工作的根本任务。他以知识及其社会传递为核心展开论述，把知识、书籍、阅读等客观现象纳入科学研究范围，将社会学、心理学、历史学这三个学科的思想和方法应用于图书馆学的研究中①。正如1961年再版时莱斯特·阿歇姆（Lester Asheim，1914—1997）院长为之所作序言时写道："他在书中首次进行了对图书馆学教育方法的扩展性论述，同时这种论述也被引入了芝加哥大学图书馆学研究生院课程和研究项目中。……尽管这篇著作中许多论述的细节已不再适用，但他所贯彻的基本原则却历久常新。"②③

巴特勒有着现代基督牧师的涵养，他身材矮胖、听力不好，待学生十分宽容与谦逊，且不乏

---

① 张大英．巴特勒《图书馆学导论》述评［J］．图书馆，2011（5）：42-44.

② Bobinski，George Sylvan，et al. Dictionary of American Library Biography［M］. Libraries Unlimited，1978：67.

③ Ash L. An Introduction to Library Science，by Pierce Butler［J］. The Library Quarterly，1961，31（4）：404-405.

幽默，时不时还拿自己"开涮"。在课堂上，他向来严格认真，只有熟悉他的人才能分辨他是在倾听还是关掉了身上的助听器（因为这时他对自己观点的认可多于学生的阐述）；他还会启发学生建立起对古代历史的回忆，培养学生对过去和当下图书馆学的好奇心。《图书馆季刊》（The Library Quarterly）的总编里昂·卡诺夫斯基（Leon Carnovsky，1903—1975）曾评价巴特勒说，也许巴特勒最大的贡献就在于他的教学之中。他的教学始终弥漫着历史感和道德感。在他看来，印刷、图书馆、思想交流的发展只能在历史背景下被理解才具有意义。而他也一直在与束缚人性的力量斗争，始终坚信并贯彻着"不屈不挠的个人主义"①（这是美国前总统胡佛在 1928 年竞选时提出的主张，主要指经济自由、机会平等和个人主动性，反对政府包揽一切）。

巴特勒的学术著述颇丰，除了《图书馆学导

---

① Carnovsky L. Pierce Butler, 1886-1953［J］. Library Quarterly, 1953, 23（3）：153-154.

论》，还有著作《学术的文献史》（*The Literary History of Scholarship*，1937）、《欧洲印刷起源》（*The Origin of Printing in Europe*，1940）、《学术与文明》（*Scholarship and civilization*，1944）以及论文《书目与学术》（*Bibliography and Scholarship*，1922）、《图书馆：实验室还是储藏室》（*The Library：a Laboratory or a Warehouse*，1927）、《拉丁译本中阿拉伯作者的十五世纪版本》（*Fifteenth Century Editions of Arabic Author in Latin Translation*，1933）、《作为职业的图书馆学》（*Librarianship as a Profession*，1951）、《图书馆的文化功能》（*The Cultural Function of the Library*，1952）、《书籍的生命》（*The Life of the Book*，1953）等①。这些论著都表现出他对于文化传统的关注，其余数十种作品或评论则进一步阐明了他的社会、历史和目录学知识的深度，反映了他广泛的学术视野。

---

① Anon. Bibliography of Pierce Butler [J]. Library Quarterly, 1952, 22 (3): 165-169.

在与芝大图书馆学研究生院合作的24年间，巴特勒在六位院长手下任职过，除了乔治·沃克斯、路易斯·威尔逊，还有克拉伦斯·浮士德（Clarence Faust）和伯纳德·贝雷尔森（Bernard Berelson，1912—1979）等。他们每位都有着很高的成就，巴特勒不仅受到他们的尊重，并且始终与他们都保持着良好的关系。巴特勒还先后加入了美国图书馆协会（American Library Association）、美国目录学会（Bibliographical Society of American）、美因茨古登堡协会（Gutenberg Gesellschaft）、芝加哥印刷艺术学会（the Chicago Society of Typographic Arts）、共济会（the Masons），同时他也加入了大学和卡克斯顿的俱乐部①。此外，巴特勒还是学术期刊《图书馆季刊》的创始人之一，并一直是编辑部成员。他不仅贡献了多篇论文和书评，也为其他投稿人审

---

① Bobinski, George Sylvan, et al. Dictionary of American Library Biography [M]. Libraries Unlimited, 1978: 67.

稿、提出建议[1]。在芝大时，巴特勒还时常对所感兴趣的领域进行外出调研。比如，1936年巴特勒前往英国的伦敦和剑桥，调研中世纪图书馆；1937年他前往德国和其他欧洲城市，探究印刷起源的问题；1949年，美国军队也曾派他去德国的大学图书馆进行考察[2]。

巴特勒没有孩子，他们夫妇在芝加哥的社交生活非常丰富。他与家庭成员、大学同事、学生、众多社区友人有着良好的交往，这也使得巴特勒成为圣·保罗教堂（St. Paul's Church）的副教区牧师。1940年12月8日，他被提拔为祭司职务。后期他也在圣·詹姆斯教堂（St. James Cathedral）和圣·克里索斯托姆教堂（St. Chrysostom's）任职[3]。但是巴特勒一向不会

① Ash L. An Introduction to Library Science, by Pierce Butler [J]. The Library Quarterly, 1961, 31 (4): 404-405.

② Pargellis S. Pierce Butler: A Biographical Sketch [J]. Library Quarterly, 1952, 22 (3): 170-173.

③ Anon. Bibliography of Pierce Butler [J]. Library Quarterly, 1952, 22 (3): 165-169.

过多地谈论他的信仰，作为一名神学家，巴特勒只发表过三篇论文《教堂历史和宗教心理学》（*Church History and Psychology of Religion*，1921）、《作为牛津运动类似情况的使徒公教会信徒》（*Irvingism as an Analogue of the Oxford Movement*，1937）、《当下的教义危机》（*The Present Doctrinal Crisis*，1941）[1]。正如他曾给友人的一封信中所说："如果宗教与教室或者任何地方谈论的主题相关，我会自然而然地谈起它。尽管我是一个牧师，我也如俗人一样穿着并在大学任教……我不会隐藏我的宗教信仰，可是同样的我也不会不合时宜地显摆它。"[2]

1952 年 7 月，66 岁的巴特勒从芝加哥大学图书馆学研究生院退休。1953 年 3 月 28 日，退休还未满一年的巴特勒，在参加完北卡罗来纳州温斯顿萨勒姆的新图书馆大楼落成仪式返家途

---

① Anon. Bibliography of Pierce Butler［J］. Library Quarterly, 1952, 22（3）：165-169.

② Bell B I. Pierce Butler, Professor and Priest［J］. Library Quarterly, 1952, 22（3）：174-176.

中，因遭遇汽车事故受伤而在伯灵顿去世，享年 67 岁①。

巴特勒的《图书馆学导论》是一本小册子，是 1933 年《芝加哥大学图书馆学研究丛书》（*University of Chicago Studies in Library Science*）开始推出的第一本学术著作。全书不足 6 万字，内容并没有像其他图书馆学概论性质的书籍那样，涉及图书馆业务的方方面面，而更多的是在讲书籍、图书馆、知识、读者、阅读等基本性质及其基础理论，它是很不及物的。巴特勒的哪些学术思想应该被高度重视呢？阅读完本书，我觉得至少有以下几方面值得注意。

其一，巴特勒对图书、图书馆的性质把握得十分准确。在本书的“绪论”里，巴特勒讲到：“书籍是保存人类记忆的一种社会机制，而图书馆则是将这种记忆移植到活着的个人意识中的一种社会装置。”［袁咏秋、李家乔将这句话译为

---

① 以上巴特勒简历资料由我的硕士生张歌提供，特此申明，以示她对本文的重要贡献。

"所谓图书，是保存人类记忆的一种社会装置（Social mechanism），图书馆是为把它移入活着的个人的意识的一种社会机构（Social apparatus）。"①] 这一句论述，不知被多少图书馆学著述所引用，俨然成为了图书馆学理论中的名言。那么这句话的魅力在哪里？不仅在于对图书、图书馆从社会功能的角度给予了准确定位，揭示出了其本质，而且还厘清了二者之间的逻辑关系、现实关系。当然，在后现代话语流行的今天，谈及"本质"、"准确"，可能已经不合时宜。但是无可否认的是，人类自身的局限导致其只有通过事物的本质来建立确定感及意识，这一点在今天并没有发生太大的改变。

八十年后的今天，虽然书籍、图书馆有了巨大的变化，有了电子书、数字图书馆，但书籍与图书馆的这种本质与基本功能并没有发生变迁。因此，巴特勒的这段论述还有其学术存在的合法

---

① 袁咏秋，李家乔．外国图书馆学名著选读［M］．北京：北京大学出版社，1988：348.

性与合理性，依然对我们图书馆学研究有着指导意义。如从图书馆学研究的角度来理解巴特勒的这句话，至少我们可以看到研究书籍（包括知识）和图书馆（包括各类知识集合现象），依然是图书馆学研究的基本内容之一。

在大数据、信息流奔腾的当代社会，借助互联网、物联网等手段收集数据与信息，挖掘、组织数据与信息，将数据与信息通过加工处理转化为知识，并针对给定的目标激活成求解问题的智能策略，这已经成为学术研究的前沿。但是，我们应该清醒地意识到，对大数据、信息流的研究是一个多学科的领地。计算机科学、人工智能乃至信息科学都身置其中。图书馆学应以什么身份进入这个领地，它要扮演什么角色？换句话说就是图书馆学要研究和处理哪些大数据与信息流？

举例而言，当前图书馆学界兴起的热点之一是数字人文（digital humanities）研究。数字人文研究的前提是对研究文本进行数据化处理后建立出专题资料数据库，在此基础上研究者才能进一步从事数据挖掘、关联分析以及可视化处理等。因此，如何围绕着知识文本开发、建设专题资料数据库就显得十分重要，它是在新历史条件下图书馆学研究的前沿命题。而这一研究前沿的生成，说明了图书馆学在新时期的发展是有约束条件的，是有路径依赖的。图书馆学的根本方向应紧紧围绕完善人类社会记忆机制、传播人类社会知识而行进的。这就产生了一个暗示，即那些不以这一任务为圭臬的，就不属于图书馆学基本范畴。了解到这一点，对进入图书馆学研究共同体的新人来说是十分重要的。

其二，巴特勒强调以科学精神、科学方法来研究图书馆学。这一观点主要体现在第一章“科学的本质”部分。在这一部分中，巴特勒论述了科学发展的历史过程，指出人类“中世纪的思想寻求的是权威，文艺复兴时期的思想寻求的是价值，现代思想要求的则是客观真实”。他以科学中最有说服力的自然科学为证，通过诸多案例论述了“自然科学中的现代思想的运行步骤包括：

① 通过观察搜集数据；② 解释直接原因；③ 通过整合进行评价。”按照巴特勒的意思，现代人这种最新的思维方式，就是以观察、实验等为基础获得可靠的知识，并以其作为运用的基础。

在将科学与图书馆学联系起来时，巴特勒指出，“图书馆学之所以成为科学，只是因为其在本质上遵循了现代思维的思考习惯。任何一门学科或者一位学者如欲将大量的信息综合成一种知识，其必须先从客观现象着手。面对这些客观现象，必须通过各种严格的科学观察方法对其进行观测。”巴特勒期待，在科学思维引导下，图书馆员“会将注意力从图书馆业务流程更多地转向图书馆的社会功能，他们会像热烈地追求图书馆工作效率那样努力地为准确理解这门学科而奋斗。”他还强调：“除此之外，在科学研究领域之外还会有持续的思想交流。图书馆学会从其他学科领域借鉴相关研究结果，而图书馆学的有些发现也会反哺于其他学科。作为一项新的事业的图书馆学的本质还是人类活动的一方面。”

巴特勒也不完全排斥阐释学方法（虽然没有使用“阐释学”概念）在图书馆学研究中的运用，因为科学“对于形而上（metaphysics）的内容也许就无力顾及。科学调查也是不可能触及事物及其各种关系的最终本质。”“对于个体来说，情感价值意识对于其的重要性远高于理性思考意识”。由于“人类文明中没有哪一种事物比文学与上述精神价值的联系更为紧密，图书馆学中的大部分重要内容其实与文学一样，与人类精神世界价值紧密联系，这也注定这部分内容不可能成为科学，因为这些内容的本质属于人文层面。科学的方法适合用来阐释图书馆学中一些机械的内容，很多主观内容用科学方法去阐释是根本不能想象的”。巴特勒的论说与查尔斯·汤普森（Charles Seymour Thompson，1879—1954）和芝大维普尔斯（Douglas Waples，1893—1978）等人在1931年发生的图书馆学科学化之争有关，当时汤普森批评图书馆学教育中过于重视实证的量化方法，认为这种“科学化”的倾向会无可避免地造成图书馆职业人文的缺失，从而偏离图书馆的文化价值和教育性[①]。所以，巴特勒在这里对图书馆学的科学性、人文性做了理性的协调。很难想象这是出自一位八十年前图书馆学界前辈的一番话。这番话语穿越历史之后，依然闪烁着理性的光辉。

在巴特勒的眼中，所有的科学都只重视生产知识，而图书馆学重视的是将社会积蓄的知识传递给每位社会成员。“这种传递是十分复杂的，其中除了理性的内容外，很多非理性的成分是无法通过科学理解的”。所以，我们既可以用科学方法来研究图书馆学，也可以使用阐释学的方法研究图书馆学。这要因地制宜、依事而定。不过，可以告慰巴特勒的是，八十年后的今天，科学主义的傲慢正在逐步消退，在科学研究大家庭里，实证方法、阐释方法都各有其合理存在的位子。我们唯一要警惕或拒斥的，是那种表面科学

---

① 周亚．美国图书馆学教育思想研究（1883—1957）［D］．北京：北京大学信息管理系，2016：139-143.

而实际虚假的图书馆学研究（如走形式的问卷调查研究），还有不加论证、不考虑逻辑关系的随意阐释（我称之为图书馆学研究中的“写意画”）。

其三，巴特勒认为学校、图书馆都是教育工具，但图书馆与学校的功能不同。这一观点主要体现在第二章“社会问题”里。在本章里，巴特勒阐述了人类与动物的区别在于人类拥有记忆以及学习能力，能够实现知识积累与传承。“文字记录使社会拥有了记忆，甚至可以说是一种意识”。社会要发展，就必须要求社会成员成为有知识的人，而实现这一目标的手段，就是通过教育。

要想了解教育的机制及其效果，需要对教育实践进行深入了解。巴特勒在本章中费了不少笔墨，从施教及受教效果的角度，把教育分为了四个层次：初级层次侧重技巧，第二层次重视方法，第三层级考虑个人幸福，第四层级强调社会利益。巴特勒举例说，教乘法口诀就是侧重技巧；而掌握运算规则，“在学生头脑中建立一种永久的条件反射记忆”则是传授方法；让社会个体具有运算能力，提高其自我生存能力，是考虑到了个人幸福；而通过高深的培养，使得少部分人成为数学天才，推动文明进步，这就是满足了社会利益。

不过，知识的快速增长，使得“社会知识已经远远超过了学校课程所教授的知识”，为了适应这种变化，“教育的范围必须扩大到足以使每一位社会成员能够利用从各种渠道汇聚而成的社会公共知识。基于此，图书馆就有了新的存在意义，其重要性或许仅仅略逊于学校”。图书馆作为将人类记忆移植到活着的个人意识中的一种社会装置，它一经出现，就诱发出了一个新的事实：人们可以通过这个社会装置，通过主动学习方式（不是学校中的被动学习方式）获得自己想要或需要的知识，“甚至可以学到上任何一门学校课程都学不到的事情。”在图书馆里，“他还可以为自己建一所学校，在这所学校中，他可以学任何他想学的内容，而他只需要‘眼睛’这一位老师。”读到这里，几乎能听到巴特勒接下来要大声宣布：请记住吧！——图书馆既提供全面教育也提供专深教育，既是短期自修的场所也是终身教育的机构。

作为一种社会装置，图书馆将人类记忆移植到活着的个人意识中的机制是什么？巴特勒给予的答案是，从读者的角度来说是阅读，从图书馆的角度来说是借阅与咨询等服务。谈及阅读，巴特勒分析到，阅读也可以分四个级层，也可以通过技巧、方法、个人、社会四个侧重点来对阅读现象进行深入探讨，而这能够形成图书馆学的重要研究方面。另外，阅读的效果也应该以科学的方法来研究，因为社会个体“通过阅读获取的知识并不具备社会意义，只有当被注入社会公共生活的重要河流中这些知识才具备社会意义”。

其四，巴特勒重视阅读动机的研究，认为是动机引出了行为。阅读动机有多种，而读者阅读时会在不同动机中进行切换，因此读者的收获也

是多方面的。在第三章“心理问题”里，巴特勒提出，既然阅读是人类记忆移植到活着的个人意识中的实现机制，那么研究阅读就是图书馆学的不二课题。阅读是人的行为，人的行为是由动机引发的。而动机又是心理现象，所以心理学就成了考察阅读的基本工具与方法。巴特勒论述到，兴趣与意志的结合会形成通常所谓的个人动机。根据人们的不同需求，他将阅读动机简单地划分为了三种类型：获取信息（information），审美欣赏（aesthetic appreciation），获得直接的愉悦感（direct pleasure）。并通过论证指出：“每一种阅读类型背后所蕴藏的心理动机都是独一无二的，但是，每一个动机都不可能一直主导读者阅读行为，读者经常是在不同的动机中切换。”

巴特勒还注意到了阅读是有成本的（主要是时间成本）。人们付出成本不一样，取得的收益也不一样（如我们所熟知的短时间里的泛读与长时间的精读，给人的收益是不同的）。阅读除了能够满足人们获取信息知识这一主要功能外，它还有一些附属功能，即阅读的“释放”功能——能够使人缓解疲劳、转移注意力和消遣时光。加之读者经常在不同的动机中进行切换，故读者满足其动机需要过程中所获的收益也经常是多样的。这就暗示出了一个新的理论观点：阅读不仅仅是人类记忆移植到活着的个人意识中的一种手段，它还成为了现代人的一种生活方式。

研究生活方式的学科与人存在的意义息息相关，应该说它是十分有价值的，不应该被人瞧不起。可惜，巴特勒之后，尤其是我国的图书馆学研究，并没有对此给予足够的重视，也没有将其开辟成一个有潜力的学术领域前去深耕细作，或者说以往从没有将阅读作为一个研究的关键命题来看待。我们在阅读研究领域产出的知识存量非常瘠薄，远不如心理学、社会学、文学等学科所做的努力。

近些年，这种情况有了改观。但是我们在许多问题上的研究还很不深入，存在着似是而非的说法，如“公共阅读”概念的出现就存在这个问题①。巴特勒说，“阅读是一种孤独的行为。同一个房间内虽然有两位读者，但这两位读者并不会接触，从某种意义上来说，阅读是反社交的（anti-social）的，是与许多社交习惯相抵触的，抵触之深以致让人觉得反社交就是阅读行为的一种本质属性。”所以，何来“公共阅读”呢？有人会说，读书会不就是证明公共阅读的存在吗？其实，读书会仍是支持私人阅读的一种方式，它在化解你阅读孤独的同时，能够让你找到价值观接近的同道，扩大你的社会网络，增加你的社会资本。在巴特勒看来，读书俱乐部对某种书籍的聚焦、报刊上的新书推荐文章，其宗旨都在于激发读者对某书的兴趣而已。

其五，巴特勒提倡研究书籍与图书馆史，认为这有助于真正理解书籍与图书馆事业，尤其是书籍所载知识的历史研究，不仅是图书馆学的重

① 王子舟．图书馆学研究法：学术论文写作摭要［M］．北京：北京大学出版社，2017：40.

要内容，也是图书馆员基本素养的来源。在第四章“历史问题”中，他认为图书馆学有必要研究是什么因素或力量导致书籍、图书馆不断发生进化，并且进化了的书籍、图书馆又是怎样影响社会这个庞大的身体发生某种反应的。书籍、图书馆毕竟也可以看做社会进化的一面镜子。有时候，历史上的某个特殊事件可能对书籍、图书馆的发展起着冲击作用，这样的历史事件就成了我们研究书籍、图书馆发生进化的最好案例，例如美国钢铁大王卡内基对美国图书馆的捐助。巴特勒认为美国图书馆免费使用宗旨的确立，是由社会两大极点的力量促成的，“这两大力量分别是：资本家的慷慨捐赠奠定了图书馆事业发展基础；图书馆发展所需法律的建立”。

对图书馆本质的紧紧把握，使得巴特勒在论述一个圆的范围（图书馆学内容）时，总会让人感到圆心（书籍、图书馆的本质）的一直存在。巴特勒说，“图书馆事业的基本元素植根于社会积累的知识之中，这些知识通过文字记录机构连绵不断地传递给下一代。”所以，研究书籍所载的知识的历史就成为图书馆学的基本内容之一。知识可以划分为审美的（aesthetic）、事实性的（factual）两部分，从审美知识的角度研究其历史，就是研究文献的历史，诸如文献生产方式的变化、经典著作的产生及影响等。习得这类研究成果，会导致图书馆员承认经典的作用以及意识到把经典传递给读者是一个分内之事，他们为读者制定阅读方案时会优先选择文献发展史上最有影响力的作品来形成书单。

然而从事实性知识的角度来研究知识的历史，那就是研究科学的历史。“科学史研究的基本目的是为了解释事实性知识的存在。”在科学发展史中，有哪些著述（不见得是经典）做出了怎样程度的事实性知识的贡献？这类“历史认知在一定程度上决定了图书馆员工作实践”，如采购哪些有事实性知识价值的书籍形成馆藏，以及将其如何序化组织、向读者推荐，这都取决于馆员对这些书籍文化贡献的判断。图书馆员的职责不仅是作文化保管员（archivist of culture），帮助读者便捷地找到所需书籍，成为临时老师（informal teacher），为研究人员提供咨询帮助，更重要的还在于“为他所在社区收集对社会福祉有重要作用的各种文字记录”，开发这些资源以实现其价值，这是馆员的主要任务。而实现这个目标，馆员“必须经常使用其科学历史知识，尤其是科学发展史的知识”。

除了审美知识、事实性知识的历史要研究掌握，与教育相关知识的历史、人们形成学识（scholarship）的历史也应纳入图书馆学视野以及图书馆馆员素养之中。前两者以书籍为载体，后两者以社会现象为载体。以教育相关知识的历史为例，当很多学校为作拉丁研究而设置西班牙语课程时，图书馆可能就要添加这类学习书籍，如果某图书馆委员会发现维多利亚时代的诗歌已经不被广泛阅读了，可能就减少此类书的购买。这种现象考验着馆员的判断力。馆员应该从与教育相关知识的历史角度全面考量与应对此类问题，而不能短视地做权宜之计。再以人们形成学识（scholarship）的历史为例，社会个体或群体的学识生成经历不同，其学识程度也不同，所以图书馆学及图书馆员应基于科学史的素养，根据社会个体或群体的学识程度为其提供有效的阅读帮助。推荐书目与图书历史的关系犹如年表与社会事件历史的关系，“书目是对确定的重要事实的简单、透彻的概括，而它的便利性及效用决定了他者对于书目的评价。”

其六，巴特勒认为大力发展图书馆学，对图书馆、图书馆员都将产生积极的社会效益。在最后一章即第五章“实践思考”中，巴特勒认为，在图书馆学研究中，要引入哲学来研究图书馆现象，这样才可能准确地把握图书馆工作的实质与目的。图书馆事业要想成为公共教育机制的一部分，使图书馆实践走向专业化、职业化，对图书馆哲学的、社会理论方面的理解必不可少。不如此，图书馆事业乃至图书馆学就得不到良性的发展。

在发展图书馆学的过程中，“图书馆员不仅要学习社会学、心理学，还要学习历史”。如心理学的知识有助于认识人们在阅读口味、阅读动机、阅读方法以及阅读受益上的不同差异。因为阅读是非常个性化的行为，“图书馆不是宣传那些已经确定的永远正确的真理的任务站”，“高效的图书馆事业从很大程度上来说是一种精确的心理诊断（accurate psychological diagnosis）”。另外，馆员必须通过专业技能致力于理解（learn about）图书而不是知道（know）图书。因为馆员不可能看过所有馆藏书籍，“图书馆员基本的研究就是对目录学史的研究，包括对文献史、科学史，以及这两者在当下学术史中的复合功效的研究。”“图书馆员的任务就是尽其最大的努力开发这些文化记录，以供民众使用”。

图书馆学除了有明确事业目标的好处、促进专业实践的好处，巴特勒还说：“图书馆学的发展将有助于理论框架的建立，缺少理论框架的图书馆学知识内容是不可能得到有效扩展的。”他对图书馆学缺乏理论深度、宽度的现象忧心忡忡，认为有的研究仅仅是收集了一些明显的事实，使用了一些华丽的科学手段和技术术语对这些事实进行了讨论而已，他说“面对这些研究成果，既不感到吃惊也不感到可叹。”

图书馆学发展带来的好处或者效益还体现在，它能区分出图书馆不同的专业活动领域。图书馆工作有专业型的（professional）、技术型的（technical）以及事务型的（clerical），差别很明显。“一位专业的图书馆员必须掌握能帮他发现社会复杂图书馆需求（library needs）的科学的、普遍的知识。专业型图书馆员首要关心的是图书馆的社会效用。技术型图书馆员必须经过职业化的训练，能够操控图书馆内的各种装置以有效地实现图书馆的既定目标。技术型图书馆员首要关注的是内部机构效率。事务型的图书馆员需要掌握某项具体流程的操作技巧，他只需关注他桌上需要他完成的各种操作。”此外，图书馆学的发展还应为图书馆行业组织的形成起到促进作用。

以上是我对巴特勒《图书馆学导论》精要的一种提炼与阐释，囿于自身见识的局限，这种解读或许存在着谬误。因此，希望读者自己去好好阅读一番，根据自身的阅历来建立自己的理解。本文如果能起到参考的作用就已经令笔者十分知足了。

巴特勒的这个小册子，篇幅不大，却涉及了哲学、科学、社会学、教育学、心理学、历史学等诸多领域，所涉学科跨度不可谓不大。他利用这些学科理论或方法来阐释图书馆学的基本命题，如用哲学来探索书籍与图书馆的本质，用社会学、教育学来阐述书籍与图书馆的功能，用心理学分析读者阅读的动机与行为，用史学来分析图书史与图书馆史的内涵与馆员基本知识素养来源。这给予学习、研究图书馆学的同仁们一个启示：图书馆学是一门独立的学科，但更是一门开放的学科。充分吸收、运用其他学科的理论和方法，是促进图书馆学的繁荣与发展的积极方式。因为，将人类记忆有序地保存下来，再移植到活着的个人意识中实现知识转化，这些过程本身就涉及了广泛的社会命题。

1952年，巴特勒在退休之际曾说过，希望未来图书馆的散布不再仅局限于少数国家，而自己的理论和思想依旧能够给下一代的图书馆员提供指导和激励①。如今巴特勒的期望已成为现实：图书馆事业已经遍布全世界，形成了各国认可的一种文化制度。他的著作《图书馆学导论》仍不断地再版重印，成为了图书馆学教育中的经典读物。图书馆从业者、图书馆学研究者数量在增多，但图书馆学经典的数量增长却比较缓慢。多读经典，所获一定不虚。这是我读巴特勒《图书馆学导论》的真实感受。

王子舟（执笔）张歌（协助）
2017年8月26日于五道口
（2018年3月19日修改）

---

① Pargellis S. Pierce Butler: A Biographical Sketch [J]. Library Quarterly, 1952, 22 (3): 170-173.

前　言

早些时候，图书馆及其他一些机构计划在美国著名大学中设立图书馆学校以开展图书馆学专业教育，他们认为图书馆学校设在著名学府之中，学府的资源有利于推动图书馆学高级研究以及开展图书馆事业调查。为满足这一需求，芝加哥大学于 1926 年创办了芝加哥大学图书馆学研究生院。

在呼吁尽快设立图书馆学校的过程中，快速增长的图书馆馆藏资源以及随之产生的日益复杂的问题给这些倡导设立图书馆学校的人士留下了深刻印象，他们认识到必须要根据当时学问的最高标准来设置图书馆学校规程，因为只有这样，才有利于研究出图书馆组织与管理的最有效的形式。快速发展的公共图书馆、乡村图书馆、学校图书馆及其他一些特殊的图书馆同样也使人意识到，图书馆及其与社会、政府之间的关系同样需要学术的、综合的指导提供。

在著名大学中设立图书馆学校的倡导者提出的上述这些任务或者说目标，芝加哥大学一直铭记于心，芝大认为有责任建立这样一所图书馆学校，基于此芝加哥大学正式设立了图书馆学研究生院。图书馆学研究生院成立以后，在课程的设置、调查方法的选取运用以及与本校其他院系合作等事项上都围绕上述任务展开，这些努力在助力图书馆学研究中似乎也都体现出其价值。同时，图书馆学研究生院与其师生员工、图书馆员及其他一些人员共同努力，承担了《图书馆季刊》（*Library Quarterly*）的出版任务，该刊主要发表图书馆事业调查结果及记录与图书馆有关各领域中的重大进展。

为了将这项事业长久进行下去，学院准备不

定期出版一系列图书馆学研究成果，较之《图书馆季刊》上刊登的文章，这些成果在内容上更加广泛。

由皮尔斯·巴特勒博士完成的《图书馆学导论》一书，是这一系列成果中第一部问世的。巴特勒博士此前曾担任纽贝里图书馆（Newberry Library）职员，现任芝大图书馆学院目录学史教授。

正如书名所示，本书是将图书馆事业作为一门科学来研究的。然而，需要指出的是，如果过于从字面上来解释这个书名的话，有可能会产生误导。《图书馆学导论》一书不是解释图书馆规章制度、工作程序的基本手册。相反，巴特勒博士想通过本书的系列章节来阐述他构想的图书馆学这门科学的本质，以及如何依据社会机构的本质与方法来研究与作为一种重要社会机构的现代图书馆有关的系列问题。而这也正是芝大图书馆学研究生院在对图书馆事业调查及图书馆问题研究中所采取的方法及态度。

很多图书馆员也许不赞同上述这种研究方式，反对观点出现，我们认为也是在情理之中。对于这一问题的不同观点肯定还会陆续不断出现，不过巴特勒博士本人及学院还是期望那些持不同看法的人能支持这本书。《图书馆学导论》一书，思想表达直接明了，这些思想来源于巴特勒博士自身的经验及其信念，不管这些思想观点能否如我们期望那样赢得大家的支持，《图书馆学导论》一书还是值得认真一读的！

路易斯·R·威尔逊①

1933年3月1日

---

① 路易斯·R·威尔逊（Louis Round Wilson，1876—1979），美国杰出的图书馆馆长及图书馆学教育家，1876年出生于北卡罗来纳州，1895年到1898年，就读于哈维福德学院，1905年，威尔逊在北卡罗来纳大学教堂山分校获得语言学博士学位。1901年，威尔逊开始在北卡罗来纳大学教堂山分校图书馆工作。1931年，威尔逊创办了北卡罗来纳大学教堂山分校图书馆学院并任首任院长，他在北卡罗来纳大学教堂山分校的活动，对于美国南方图书馆事业、教育事业的发展都产生了重要推动作用。1932年至1942年，威尔逊担任芝加哥大学图书馆学研究生院院长，期间带领芝大研究生院从一个成立不久的弱小学院发展成为张扬学术研究、培养图书馆学高级人才的研究型学院，对当时及后来的美国图书馆事业产生了深远影响。1979年终老于教堂山。——译者注

目录

绪　论

图书馆是为满足现代文明需求而产生的，经过不断发展，如今，图书馆已经成为社会网络中的一个关键节点。文化必须超越个体而存在，因为文化的本质是一种社会经验累积，这种经验既包括先辈们已经掌握的、经历过的内容，也包括每一代人潜在的尚未体验的内容。书籍是保存人类记忆的一种社会机制，而图书馆则是将这种记忆移植到活着的个人意识中一种社会装置。任何对于社会的理解必须包括对图书馆这一社会基本元素及其在公共生活中作用的阐释。因此，在社会科学中涉及任何相关现象的讨论时都可用到图书馆学。

不同于其他社会活动领域的人员，图书馆员

对与其职业有关的理论内容毫无兴趣，这种“毫无兴趣”让人觉得不可思议。其他社会活动领域的人员，只要是当代人，都怀有一颗如何使自己独特的工作与人类社会的主流相合拍的好奇心。然而，图书馆员，却显得十分超然，似乎对这种好奇心有一种独特的免疫能力。图书馆员很明显地将自己束缚在简单的实用主义中：这种简单的实用主义追寻的就是让当前每一项图书馆工作流程合理化，而这一过程似乎也能满足图书馆员对于知识的兴趣。的确，对于图书馆员而言，任何企图将这种合理化归纳形成专业哲学的努力，不仅徒劳，而且危险。图书馆员非常清楚蕴藏于个体与人类文化成就之间的每一个联系之中的那些珍贵的、主观的价值，因此，图书馆员害怕科学的到来，因为他们担心科学具备的那种无情的客观性特质。在纯粹理性标准下，任何人在人类群体中只不过是极小的一个单元而已，其一生光阴对于整个宇宙进程而言亦只不过是瞬间的一次跳动。每一个个体的生命周期都局限于其种群的演化的过程。就此而言，每一个个体的个性也不过就是已经存在的众多个性类型中的一种复现而已。科学是无法洞悉情感的自我意识的，因为像期望、快乐、渴求、后悔、绝望、热爱这些情感都是无形存在的且无法有效传达，然而，在研究科学对于个人的最终意义时，还是得涉及这些“空泛”的词汇。由此及之，对于图书馆员，除非他们切身感受到，不然宇宙对于他们而言也是不存在的。

出于对这些情感价值的担忧，图书馆员竟将其办公室想象成现实世界的祭司，以管理文化与个体精神交流的圣礼。但每一次想到图书馆工作会被当做一种客观的社会现象对待时，图书馆员又会退回恐惧之中，因为在图书馆员看来只有牺牲所有的信仰才能从事这种客观工作，他们为此感到害怕。对于这种恐惧，图书馆员找到了很好的理由：逻辑是无情与冷血的。科学研究通常并不有助于人类同情的广泛发展。科学家由于其关注点比较狭窄，对于他所不理解的事物有可能会变得武断、固执己见、心胸狭窄。和大多数人一样，科学家有时也会一时冲动否认其未曾体验过的事物的存在。系统化的制度主义有时对个人的感知有所压抑。学校、救济院、教堂和医院都因为对问题的科学处理而获得了援助，也因此它们都在精神上付出了一定的代价。但是很少有人有兴趣去质疑这些机构的受益是否大于其支出，或者观察个体的个性与这些机构类型具有的普遍性之间存在的任何内在的不和谐。

图书馆事业发展中也存在这个情况。为解释图书馆这一社会机构活动的复杂性，需要一套有组织的科学知识系统。目前，图书馆员的知识主要是根据他个人特定的经验形成的一些特定的或临时的假设，而未来图书馆员的知识则是来源于他在提供各种服务的过程中获得的精确的信息。图书馆员，和教师、社会工作者以及现在的内科医生一样，他们也许不会具有其他那些忙碌的从业人员在思考关于其所从事职业的真正功效及最终价值等更为广阔的问题时所产生的诸多困惑。

并不是每一位图书馆员都要求积极参与图书馆学的综合研究，这只需要一小部分图书馆员致力于此，大部分图书馆员还是应该将其精力置于已建立的图书馆功能的发挥及组织成长。但是，不管如何，最重要的是每一位图书馆工作者对于其所致力的工作都要有一种同情之理解（sympathetic understanding）。只有这样，所研究出的图书馆学才能兼顾到图书馆事业的每一方面，这样的图书馆学才经得起科学的检验。也只有这样，图书馆事业中纯真的人文内涵才能作为专业实践之一部分完整地被保存。

下面这些特定时代背景的短文，并不是为专门研究人员而作，而是希望那些忙碌的其他行业人员通过这些短文对正在努力建设中的图书馆学有一种设身处地的理解。为了确保论述的完整，特撰写了第一章“科学的本质”。不管什么时候，图书馆员聚在一起讨论“科学”这一个词的时候，都会发现他们对“科学”含义的理解是如此多样。笔者书中给出的“科学”的定义，也是略显冗长，之所以如此，主要还是为了满足笔者需要，笔者希望通过在下文中使用“科学”一词的时候，能建立一种观念。此外，推测性地对书中一些统计方法所涉及的基本原则的简单或者经验性的解释，也是基于相类似的原因。但这似乎又涉及观念标准的问题，不同的图书馆员的标准肯定是不一样的。

在略有离题的第一章之后，接下来几章讨论的内容与图书馆学的主题则非常相关。社会学、心理学、历史学三章致力于对图书馆活动中出现的各种主要现象进行一个初步的考察。虽然这些现象没有被经常提及，但是总归会有一些隐含的说明，如果对这些现象的每一部分内容都进行科学的研究，那么就会发现其中蕴含的具有精确的科学知识的一些推论。

诚然，无论笔者如何努力，本书所述内容总会迅速过时，书中讨论诸多问题所用资料有所不准，对于这些问题，就必需要读者来检验，检验的标准无疑是基于他们的专业实践。因为一些无法避免的因素，书中所述定会有一些错误或不当之处，这也是毫无疑问的。随着图书馆学的发展，我们将逐渐使用精确的知识，而不是现在主观意愿来思考、判断。

第一章
科学的本质

一

“科学”一词内涵丰富，人们在日常的口语、会话中涉及该词时，使用的都是其简单模糊的意义，即泛指任何事物的知识。相较于日常会话中的“随意”，科学研究中则存在另一些极端使用“科学”一词含义的情况：有些学者将“科学”一词限定得非常精确，以致其含义只能在一些特定的研究中使用。在这两个“极端”之间，我们可以构建一个完整的“科学”词义的使用光谱，在这个光谱上，“科学”一词在细微的变化之间改变着不同的颜色，在各具特色的定义之间穿梭。但是，词语毕竟不及思想重要，“科学”一词各种模糊的定义之所以有意义只不过是因为它们揭示了与现代思想本质属性有关的各种观念的差异。为了解释这些观念上的差异，学者必须回到这些观念所在的复杂环境，于是乎便催生了各种不同的“科学”含义。

我们熟知的“自然哲学”理论领域内发生的一系列革命性变革促进“科学”一词进入现代词汇表。在相当长的一段时间内，“科学”都是一个存在争议的词汇。有时，“科学”一词被一些感到“四面楚歌”的激进分子用作“战争口号（war-cry）”；有时又成为保守的反对派嘲讽这些激进分子的重要对象。虽然，“科学”一词中容易引发争议的性质几乎已经被人所遗忘，但是在产生“科学”一词的自然科学领域，“科学”的这一性质仍然存在。在自然科学研究中，研究人员经常会用一些具体的假定模型去描述一些机械的现象，但是试图用这类模型去概括思想的科学模式几乎是不可能的，不过还是有一些自然科学研究人员会以此为借口对那些不能用具体模型概括的思想进行嘲讽。例如，有些偏激的物理学家就会嘲笑比较宗教科学领域内一些非常有思想的观念，会否认任何科学哲学存在的可能性。

也许类似上述偏激的物理学家的抗议有其合理性。虽然一个词的词义是由社会使用情况而不是逻辑定义决定的，而目前社会广泛认同的一个观念就是“科学”是现代思想的一种特性。除非这一特性与前现代（pre-modern）文化中使用的知识模式存在不一致，否则“科学”一词几乎可以包括具有明显现代特征的所有知识。对于一个恰当的“科学”的定义，其必须能够揭示现代思想所特有的性质，而不是仅仅揭示某一分支的某一特定元素。

这似乎也是现代思想与以往任何时期所流行的思想的本质区别，随着历史的发展，不仅仅是人类知识的内容已经发生改变，知识的某些结构也已经焕然一新。正如中世纪的思想寻求的是权威，文艺复兴时期的思想寻求的是价值，现代思想要求的则是客观真实。但是，中世纪或文艺复兴时期那些古老的思维习惯仍然会长期存在，当下不少学者其思想的本质仍旧沿袭着中世纪或人文主义思想的遗韵。思维活动的每一个阶段，不可能与精神习惯（mental habit）完全保持一致，或多或少都会存在一些不协调的情况，而这些不协调也都会在不同阶段的思维活动过程中留下影响。因此，从这个角度来说，也许没有一种思维活动是完全自由的。然而，现代人，进化到当下这个程度的现代人，其思考方式在人类知识发展史上已然是最新的。因此，现代人应该将这些新的思维方式精确地描述出来，这种描述的本质，其实就是对现代科学的一种定义。

现代思想的一个重要特征就是它时刻都能意识到自身的现代性（modernity），当下的每一个人都知道他的思考过程与他最近的一位先祖都是不一样的，虽然现代人常常会因此而感到骄傲，但是有时候他们也会因为与祖先的不一致而感到不安。一个现代人，他没有能力窥见他祖父的思想，这虽然被视作人道中一种让人感到痛苦的遗憾。但是，这种遗憾，其实只是他对他自己感受到的逝去的事物或者是与前人不同的智识差异作出的一种情感反射。

现代思想的另一特征就是会对知识的本质及人类如何获得知识，知识与人类信仰、价值的关系等内容进行分析，即所谓的知识论（epistemology）。任何时候在口语中使用“科学”一词时，这个词似乎都会使得人们确信谈话所涉及的知识是有根据的，与那些“非科学思想”（non-science ideas）是不一样的。一个现代人，不管他是否意识到上述这点，他思想中都有一套明确的判断是非的知识理论标准，他坚信有十足把握证据支撑的方法所产生的想法肯定是正确的；虽然他也会认为，缺乏十足证据支撑的有些想法有可能也是正确的，但是这种正确缺乏足够的有效性。有时，这也成为他判断自己脑中所形成想法的价值的标准。作为现代人，他同样像他先辈一样，听信权威，但是对于他而言，他所认定的“权威”完全是一个现代概念，他接受“权威”只是因为他坚信这个“权威”是正确的，而这种正确是基于他判断得出的结果。一旦他认为这个“权威”符合他知识结构中的“科学标准”，他就会认定这一“权威”确实是正确的，是科学的。对于这些现代人，即使他非常谦卑地承认在某些方面的无知，但这种坦白的背后仍然隐藏着一丝知识上的自信，因为承认无知，也是他思想分析的结果。这种人，精神上虽然会表现出谦卑，但是永远不可能屈服。

不过上述这类现代人，其实还是犯了一个非常大的错误，他们所认可的现代的知识其实都只是他所熟悉的领域内的知识，还有相当大一部分领域内的现代知识是他所不了解的，而即使在他所熟知的领域，并不是所有的知识也都完全正确。不过，就目前来说，我们无需去检验这类人所理解的知识的细节，因为这些细节作为科学思想的一部分已经被融合进现代知识分子的体内。

二

大多数现代人只对具体的内容感兴趣，他们很少会去关注那些形而上学的问题。例如，他们对于大脑与被大脑感知的物体之间存在的巨大鸿沟就不甚关心，因为，对他们而言，真理似乎就是内部思想与外在现实之间绝对的一致性。基于这种观念，他们很轻易地会认为所有正确的知识都源自通过直接观察所获得的数据，就实际而言，自然科学领域中的这种方法，从形而上学的观点来看，是纯粹来自经验的。

直接观察是并且仅仅是科学研究过程中的一个阶段。完整的知识形成过程不仅包括观察，还包括对于观察结果的阐释及评价，虽然从某种意义上来说，对观察结果的阐释及评价也属于广义的观察的一部分，但是阐释、评价这类活动毕竟涉及人的精神层面，与普通的观察在深层次意义上还是有明显区别的。

科学仪器的发展史已经表明，观察在现代思

想发展中所起的作用越来越大。拓展人类感官范围的每一种新的科学仪器的发明，人类的大脑都会获得用于理性思考的新的数据存储空间，这产生的影响往往也是革命性的，此类例子在科学史上并不鲜见。哥白尼的日心说可以视为中世纪思想与现代思想之间的第一道分水岭，伽利略望远镜的发明，直接为哥白尼的理论寻找到了证据，其结果使人明确了中世纪思想与现代思想之间的差异所在；而显微镜观测到的一系列肉眼无法观测到的结构最终迫使生物学从传统自然科学中分离；验电器、分光镜、偏光镜、干涉仪……这些仪器的成功发明，都促进了对于物理世界结构的观察更加深入，对其了解更加全面。上述这些科学仪器，已经充分向世人展示了其“惊人的”能力，但是这些仪器的运用，却容易掩盖现代思想的本质特征。科学发明，其实只是科学的一个回流，科学的主流还是对知识的探索（即所谓的求知欲），这种求知欲才是我们不断深入地去探究事物本质的动力。

科学仪器的发展史还表明早期的科学仪器追求的是观察的范围，后期则更加追求观察的深度。在科学发展早期的一个重要原则便是，科学的观察必须是定量的。由此，在科学发展初期，就观察而言，能观察到多少（how much）远比观察到什么（what）更重要。随着科学的发展，能观察到的新事物越来越少，重视数量这一现象逐渐有所改观，而当时基于观察数量得出的“永恒结论”（permanent conclusions）在此后对于这些观察到的现象的本质进行探索时也被证明是错误的。盖·吕萨克（Gay-Lussac）[①]时代，燃素

① 约瑟夫·路易斯·盖·吕萨克（Joseph Louis Gay-Lussac，1778—1850），法国化学家、物理学家，以气体研究而知名。1802年盖·吕萨克发现了气体热膨胀定律；1808年证明体积的一定比例关系不仅在参加反应的气体中存在，而且在反应物与生成物之间也存在。1809年12月31日盖·吕萨克发表了气体化合体积定律，即在同一温度、同一压力下，参加同一反应的各种气体的体积互成简单整数比，该定律也称盖·吕萨克定律，在化学原子分子学说的发展历史上起了重要作用。此后盖·吕萨克又发明了碱金属钾、钠等的新制备方法，继而发现了硼、碘等新元素，在化学上取得了巨大成就。——译者注

说[①]盛行一时，包括盖·吕萨克在内的那个时代的人所理解的燃素说中提及的所有化学现象不仅被现代人所驳斥，而且几乎已经被现代人所遗忘，但在当时，盖·吕萨克通过粗糙的观测仪器发现的化学作用定律至今仍被人认作是金科玉律。像盖·吕萨克等人之所以会取得这些成就，或许是因为在人类的整个观察范围内，计算、测重、测量的过程可能是最为客观的判断标准。但是，源于量化的关系理论中通常包含着主观误解的危险。

---

① 燃素说，又称燃素学说（The Phlogiston Theory），是形成于17世纪末、18世纪初的一个解释燃烧现象甚至整个化学的学说。燃素说认为，可燃的要素是一种气态的物质，存在于一切可燃物质中，这种要素就是燃素。燃素在燃烧过程中从可燃物中飞散出来，与空气结合，从而发光发热，这就是火；油脂、蜡、木炭等都是极富燃素的物质，所以它们燃烧起来非常猛烈；而石头、木灰、黄金等都不含燃素，所以不能燃烧。物质发生化学变化，也可以归结为物质释放燃素或吸收燃素的过程。在当时，燃素说不能自圆其说并受到最大责难的就是金属煅烧后增重的事实，随着人们对化学反应进行了更多的定量研究之后，燃素说就更加陷入了重重自相矛盾的境地。直到18世纪70年代，氧气被发现之后，燃烧的本质终于真相大白，燃素说才退出了历史舞台。——译者注

此外，观察也是一些科学家选择研究领域的重要参考标准。不少科学家将其研究领域限定在其所能观察到的范围，在这些科学家眼中并不是所有的事实都是同等重要，他不会将他每天的时间都耗在永无休止的发现新事物的期望之上。不过，从某种意义上来说，以前的博物学者的主要精力就是放在观察上，希望每天都能发现新的物种。例如，英国乔治王朝时代①的植物学家，他们的主要任务就是尽可能多地发现新的植物标本，并对这些标本进行鉴别、命名，对于他们而言，能发现一种新的物种并以自己的名字拉丁语化为其命名，这是无上荣耀，也是他们的最高追求。为实现这一目标，这些植物学家需要在搜集的海量的标本中进行鉴别，对于很多标本，他们也只是惊鸿一瞥，但是就是在这惊鸿一瞥之间，他们凭借着自己的知识储备能够快速地鉴别出结果。对于这种能力，这些植物学家也是颇为自

① 即1714—1836年这段时期。——译者注

负。然而，现代植物科学对于这种模式却颇为不屑，虽然按照以往的那些陈旧的标准，现代植物科学人员会被认为是无知的人，但是现代植物科学研究人员更看重的是他所使用的方法的有效性而不是像乔治王朝时代那些植物学家主要是依据他们的知识储备。相较于乔治王朝时期那些植物学家将精力放在拓展植物知识储备上，现代植物科学研究人员更愿将精力放在植物生理学中某块单独的内容。与某一物种所呈现的外貌特征相比，现代植物科学研究人员更关注该物种所在地的地貌特征。他们缺少描述这些物种外貌特征的耐心，对搜集植物种类更是缺少热情，与他们那些追求命名某一物种的前辈相比，他们更注重追求的是以他们的名字来命名专业领域内的某些理论，他们最关心的是功能性的意义以及尚未被解释的内容。这些现代植物科学研究人员不时会让外界人士感觉他们更热爱探索他们领域内科学知识的不足，而不是满足于已有的知识。通常而言，越是容易解决的科学问题，其重要性越低，因而不大会引起现代科学人员的关注。相反，那些越是神秘的、未知的或是无法解释的问题，越能吸引现代研究人员的注意力。在现代科学研究人员看来，那些仅仅局限于描述“某一事物是什么”的研究远不及发现这些事物运行机理有价值。科学的观察应该都是在某一特定的范围内进行的，这一范围是现代研究人员基于他本人求知欲而自觉选择的，是能达到一定的目的的。

科学观察的第四个特征就是能够探索生理感官所不能感知到的领域。光学仪器使得原来不可见的事物进入我们的视野范围，验电器揭示了此前不能被人感知到的力量的存在。有了这些科学仪器的帮助，我们解决了许多后顾之忧，但与此同时，观察方法在科学观察中的重要性就愈加凸显了。分光镜和偏光镜因为能剖析光线，所以被用来探测发光物质或透光媒介的本质。光谱末端的那些肉眼看不见的光对于某些化学物质比较敏感，因此利用这些化学物质就能将这些光记录下来。干涉仪虽然只是记录光线震动频率不一致的某一瞬间，但是这一瞬间的捕捉也极大地提升了数理物理学领域观察的价值。电子是最难被观察到的，即使一定数量的电子聚集在一起，显微镜仍然不易发觉，而当电子以一定的速度运动时，仍然不易被察觉，然而在干燥的水蒸气中电子流动路径便会显示出来，这就为研究原子结构提供了可靠数据。科学的基础是观察，所以人类感官认知能力的每一次扩展，其知识都会有所增加。就此而言，一个现代人如果拥有科学的思考习惯，那么他一定是一位观察者，而在普通民众印象中，科学家通常都是带着显微镜的形象。

通常来说，当人们在探讨科学的本质时，都会将重点放在科学研究所进行的实验之上，这其实是不对的，这种取向无疑是在回避真正的问题。当然，从科学思维发展历史来看，科学研究人员所采取的实验程序是科学思维的重要组成部分，这一点是毋庸置疑的。但是，实验之所以扮演这么重要的角色，纯属偶然所致。因为实验之所以重要，不是因为实验本身，而是因为它为精确的科学观察提供了独特的机会：实验能够消除科学研究中令研究人员感到不安的因素，可以使得科学仪器使用日趋简化，同样实验还使得复制变成可能。但是实验的这些优势仅仅是对于观察而言，实验仅仅是一种技术而不是方法。现代思维的第一阶段是通过对客观世界的观察获得精确的、定量化的数据。

但是科学不仅仅是观察，在完成观察之后，还需要使用合理的方法来对观察到的内容进行解释。人类大脑总是喜欢探索事物的起因，在这一点上现代人和他的祖先是一致的，但现代人注意力指向所关注的点，与他们的祖先是不同的。现代人总是追寻因果关系链条上最相近的最直接的原因，对该链条上稍远位置的相关因素缺乏足够的好奇心。不管在任何时候，现代人都觉得他的知识储备足以解答任何现象的直接产生原因，他们对那些无关紧要的细节感到不屑，认为将注意力集中在这些细节之上，不是智者所为。对于合理的解释是否比无穷尽地追寻因果关系链条上各种联系（这种追寻虽然能不断接近事物的本质但始终无法完全了解事物的本质）更加有用这一点，现代人也会怀疑，但是应该不会否认。当然，对于宇宙起源的主要原因，现代人坚信这个问题迟早会被人类大脑所解决的。

上述这种智识上的分歧，部分原因应该追溯到因果关系概念本身存在的一个内在矛盾。前现代思维认为因果关系是一种外部强制力关系：某一“起因”不断往外扩散形成了一股强力，作为对这一强力的外部反应，就形成了某种“结果”；现代思维认为因果关系只是同类关系在特性方面的内部转换。因此，基于旧式思维的研究会为任何结果找到充足的相对应的诱因，并且还会在这些诱因中假设一个最主要的因素。现代思维则要求绝对的相等，在他们看来此处的减少肯定是因为某一彼处的增加，纯减少或者增加、凭空的产生、绝对的平均这些在他们看来都是无法想象的。

科学思维的第三个阶段是一个笔者将其称作

科学评价（evaluation）的过程（此处权且追求更贴切的术语），评价包括一系列的步骤：确定新的想法与已有研究成果之间的关系，对已有理论中部分内容进行修正，提出新的结论。现代思维不会自设畛域，是一种非常灵活的思维。现代人在对某一领域内的某一具体现象进行解释时，所基于的思想有时并不仅仅是该领域的思想，很多时候还会借鉴其他领域的思想来进行解释，这一点在以前的科学研究人员看来是不可想象的，因为当时每个领域都有严格的界限，研究人员基本都是囿于本领域的知识，不大可能会借鉴其他学科或领域的想法。如充满着现代思想特征的进化论最初只是一位生物学家为解释物种演变提出的一个假说而已，然而这个理论目前已经被用于解释除生物学之外其他诸多领域的现象。

前现代的思想或许就不这么灵活，缺少可塑性，且不完整。现代思想通常都是包含着现代人智识习惯，但是前现代时期的思想却缺少智识习惯本身。我们祖先的知识结构中除了逻辑过程本身之外，缺少其他的一些共有元素，他们在研究中坚信三段论（syllogism）方法[①]的正确性。而科学发展史上不时出现的那些具有非凡创意的个人——如为世人熟知的亚里士多德（Aristotle）、老普林尼（the elder Pliny）[②]、培根（Bacon）、艾尔伯图斯·麦格努斯（Albertus Magnus）[③]以及勒尔（Lull）[④]他们的思想在对知识体系的认知上已经呈现出一个趋势：知识体系不仅仅是一

---

① 所谓三段论，是指大前提，小前提和结论，是西方逻辑演算中的一种推理方式，用形式化方法处理逻辑推理，特别是哲学、数学中所用推理，这类推理的正确性仅依赖于它们的形式，而与内容无关。——译者注

② 老普林尼，即盖乌斯·普林尼·塞孔都斯（Gaius Plinius Secundus，23？24—79），意大利著名作家、哲学家、历史学家，其撰写的著作流传下来的只有一部《自然史》，该书共计 37 卷，记载了近两万种物和事，在十七世纪以前的欧洲，该书是自然科学方面最权威的著作。——译者注

③ 艾尔伯图斯·麦格努斯（Albertus Magnus，约 1200 年—1280 年），俗称大阿尔伯图斯。德国理论家、主教、科学家。博学多才，被誉为“百科学博士”。研究并注释了亚里士多德的著作对自然科学有浓厚兴趣，首次分离出自由状态的砷。——译者注

④ 理查德·斯旺·勒尔（Richard Swann Lull，1867-1957），美国著名古生物学家，以支持前新达尔文主义进化论观点（Pre-NeoDarwinian Synthesis view of evolution）而著名。——译者注

部百科全书，更是一个真正的整合了各种内容的语料库。不过，他们这种认识尚未完全成熟，但这些思想在他们那个时代无疑是超前的，正是因为超前，所以他们的这些认识未能引起广泛的关注，而后世对于上述这些伟大人物的崇拜者们也未将他们崇拜对象中的这些思想发扬光大。到了现代，知识终于成为一种包含个体在内的统一的有机综合体。

综上所述，自然科学中的现代思想的运行步骤包括：

1. 通过观察搜集数据；
2. 解释直接原因；
3. 通过整合进行评价。

现代自然科学是非常讲究实用主义的，往往也很成功。自然科学一旦在某一领域取得突破性的成就，该领域研究人员所使用的研究方法会迅速被其他相关领域所采用，因为其他相关领域的研究人员会认为这些新的方法也许也能使他们受益。不过，虽然借鉴了新的方法，但是要想取得突破性的成就也绝非易事。因为即使是看似相关的领域，他们研究的内容在本质上还是有非常大的差别的，不少方法并不适用。某些盲目借鉴其他领域新方法而导致失败的学者，他们在面对失败时，往往是修正他们的研究问题以适应这些方法的使用条件，而不是从对立面的角度去思考怎么对这些方法进行修正。当下有些学科如心理学、社会学、教育学等就存在上述问题，这些学科盲目地借鉴了很多其他学科的方法，这些新的方法的使用带来了许多新的问题，面对这些新问题，心理学、社会学等领域的学者或是用沉默来回避，或是将这些新问题认为是这些学科以前就存在的无法解决的基本问题，而没有认真去思考到底是什么原因导致这些新的问题。

在其他一些学科如医学、语言学、历史学，这些学科也借鉴了现代自然科学的一些方法，但是这些学科在借鉴这些方法时对这些方法进行了概括，吸取了其中共性的一般化的内容，这大大扩展了这些学科的研究范围，并成功地促进了这些学科的现代化进程。追踪这些学科不难发现，这些学科如今非常关注自然科学的相关研究，自然科学中产生的一些新的术语很快就会受到上述这些学科所追捧并使用。以史学为例，古文书学、考古学、地形学中的观测方法已经发展到可以与自然科学家使用仪器进行观测相媲美；基于文献的高等评断学（higher criticism）[①] 也变成定量鉴别（quantitative discrimination）的过程；史

---

① 高等评断学（higher criticism）产生于《圣经》研究领域，西方传统的《圣经》研究主要是为宗教的神学阐释服务，随着近代自然科学及启蒙运动的发展，特别是18世纪以后，受科学理性和实证精神的影响，圣经学者开始利用历史学、文献学、语言学和考古学的方法，对《圣经》进行“不带成见”的“外部考证评断”。“外部考证评断”分为“历史评断学派”（historical criticism）和“章句评断学派”（textual criticism），前者注重研究《圣经》各卷成书的历史条件，被称为“高等评断”，后者则注重揭示《圣经》版本间的差异，被称为“低等评断”（lower criticism）。“历史评断学/高等评断学”为德国“杜宾根学派”于18世纪末所开创，利用历史学、语言学和考古学的知识，细究两约各卷版本及作者情况。他们认定《圣经》成书和正典化受历史条件的束缚，经卷中部分篇章是使徒针对某些情境做出的调整性叙述，所以经卷内容有真理也有谬误；但整体而言，《圣经》的真理在于使人类的道德人格趋于完善。该学派力图用理性原则释经，将《圣经》视为人书写、属于历史产物的作品，以祛除《圣经》的超自然光环。——译者注

学研究人员的学术注意力更是从天意（divine will）、命运（destiny）、种族特征（racial genius）等问题产生的根本原因发展到既关注上述这些问题的原因同时也关注眼前的一些现实问题的具体细节。

也许只有从大量的科学成就来考察科学，才会理解其作为现代知识生活所具备的特征习惯的真正含义。

三

科学知识的真正来源与大众观念中的来源，两者之间存在着巨大的差异或者说矛盾，然而这一差异或者矛盾却被我们忽略了，因此要想定义现代思想特有的、科学的特征就比较困难。当下的普通人（其中也包括那些异常博学的人士）似乎都认为只要是以科学的名义发布的内容都是权威的，因为在他们看来，这些内容都是经过他们所熟悉的思维过程或者他们所能接受的数据中推导出的。正如上文所述，这些内容所依据的“科学”并不是完全正确的，我们当下不少领域内的科学知识都是通过逻辑的方法推导出的，这些逻辑方法不少并不符合当下所谓“科学”的标准。因此，我们有必要对这些领域内的知识通过数学分析方法加以检验。

通常来说，普通人缺乏数学推理的能力，当然，任意评断不同个体之间数学能力差异这种行为有些冒险，也显得很轻率。但事实上，这种冒险行为本身也是一种专利。在当下的教育体制下，即使是再简单不过的抽象思维形式，也很少有人能真正理解。得益于善于教学的老师，也许几乎所有的正常人都能理解直角三角形中存在的量化关系概念；与此相对比，有些人（数量也许不多）即使有强有力的帮助，但是他仍然不能理解最简单的代数演算过程。缺少直观的几何图像的帮助去理解变量之间的相互关系，这对于大多数人来说是极为困难的，甚至是不可能的。从一系列复杂事物中概括出共性的内容对于普通人来说也是不大能胜任的。

对于上述这些普通人，只有靠实证才能证明复杂的数学推算过程的正确性。例如，在解联立方程时，他们大多数人都是使用行列式方法（method of determinants），当然也有极少一部分人只需大脑概括，但对于大多数普通人来说，这种行列式方法显然更加合理。当然，大多数人使用这种行列式的方法也只是为了满足他们一种固有的经验主义思维，即这种在纸上通过具体步骤得出的解是正确的。而这对于教育人员而言却是一件痛苦的事，他们只能遵循以往惯例培养学生，他们也知道这种培养模式存在局限，但是却很难改变，而这也是当下各级学校普遍存在的一种教育思维。

由此造成的结果便是，大多数人无法理解只是基于概率论（theory of probability）得出的那些现代科学知识的正确性。当然，这种基于概率论的方法在许多领域内都是一种专门的方法，但是这种方法并不是存在于所有现代科学领域，在少数一些领域，使用这一方法所产生的效果并不明显。这也是无法避免的，这个世界所呈现的无数现象都是各种复杂因素在某一瞬间的结合，其背后存在太多的不确定性。

概率论起源于数学家对于机会游戏（games of chance）中人为复杂性的业余兴趣。机会一词，如果还含有任何理性的内涵的话，那就是对于实际操作的一种无需承担责任的结果预测，就如随机投掷一枚硬币，其落地后的结果，正面、反面各有机会。这种“机会”的决定因素永远是无法得知的。如果能精确地测量重量、外形、位置、速度、方向、空气阻力以及摩擦力等因素，那么硬币的飞行轨迹以及最终落地位置是完全可以准确预测的。只要存在随机的因素，就不可能有决定性的预测，所有的预测结果都只是认为某种决定因素的“机会”大一些而得出的。如果在投掷硬币的游戏中只有一枚硬币，那么一般只会有两种结果的可能性，要么正面，要么反面。但是影响投掷结果的因素却非常多，正如上文所述，重量、位置、空气阻力等任何相关因素只要有一丝细微的变化都会影响最后硬币落地的结果。在纸牌游戏中，洗牌非常简单，但是最后发牌的结果就存在很大的变数。

上述第一种游戏中的概率论问题很简单。随机投掷的结果是不可能被预测的，但是我们对于投掷的总的结果还是清楚的，正如我们清楚硬币下落是因为重力的力量一样。其实，如果投掷硬币次数足够多、时间足够长，我们会发现硬币正反面出现的几率差不多是相等的。

在纸牌游戏中，概率计算就变得复杂了。第一张牌拿到黑色的几率与拿到红色的几率是完全一样的，拿到桃花的几率是四分之一，拿到 A 的几率是十三分之一，而桃花 A 的几率则是五十二分之一。有数学思维的人就很容易会发现，五十二分之一是四分之一乘以十三分之一的结果，而其他缺少这种思维的人就会想："哦，原来如此！"而不是用一种理性的概括能力去理解这一结果。缺少这种概括能力，在现实中几乎不可避免地会出现两个错误：第一，缺少获得真正的正确性的感觉；第二，在计算具体事件的概率时只凭借直觉的假设。当一个外行人试图去驳斥统计方法的正确性的时候经常会出现上述两种错误。

在任何以具体的实践思维见长的人看来，那些整天忙于探究概率问题的数学家们的研究行为，就是一种毫无意义且没有用的消遣。数学家对他们研究结果的重要性虽然也不是很清楚，但是他们建立的理论对于拓展人类思维却作出了巨大贡献，这一点也是显而易见的。通过先验（a priori）① 论证建立起来的数学理论，经过必要的修正后就被用来计算经验概率（empirical proba-

① 先验是一个专门的哲学术语，不同哲学学派对于先验的理解也各不相同，通常意义上认为，人的知识是先于感觉经验、先于社会实践的东西，是先天就有的。先验后来演变成一种专门的哲学方法，称之为先验方法。先验方法，又称先验论证，是对思想和知识基础进行反思的一种方法。如果知识基础不成问题，不需要反思，先验方法就没有用处；如果，知识基础的问题层出不穷，就需要反思。因此，反思的知识就成为一种必要的特殊知识。——译者注

bilities)[1]，为了更好地理解这种转化，需要用一个简单的例证来说明。假设我们遇到这样一个需要解答的问题：一个特定的时间点，只考虑两种性别的情况下，通过第一大街的汽车中男士比女士多的概率是多少？先验方法的假设是按一定比例进行男女分组，任何随机情况下，样本内的男女人数大致都是接近的，因此，在特定的时间点通过第一大街的汽车中男女人数应该也是差不多一样多的。如果得知这个城市的女性居民远多于男性的话，那么基于先验的方法就会认为特定时间点通过第一大街的汽车中男士数量不可能多于女士。但是，再进一步，调查者发现女性远多于男性这一不平衡的现象只存在于老人群体中，而整个城市男女比例应该是接近的，老人群体中女性多于男性，那么年轻群体中男性数量就占优，

---

① 经验概率，又称实验概率、相对频率，是指特定的事件发生的次数占总体实验样本的比率。经验概率并不是一个理论取样范畴，而是通过实际实验取得的。大致上来说，经验概率是从实验和实际观测中估算的概率。——译者注

而街上或汽车中主要出现的群体是年轻人，那么特定时间点通过第一大街的汽车中男士数量应该多于女士。接下来，他如果得知该城市婴儿群体中男性数量远多于女性，而这个多出来的数量正好与老年群体中女性多于男性的数量相当，那么他就会第四次修改他的答案。换句话说，一个人在现实生活中某一特定领域使用先验论证的方法，为了确保他的方法的正确性，他必须要对那个领域相关情况进行统计。

当然，上述例证对于纸牌游戏中的问题还是缺乏实践意义，然而社会在使用概率论处理文明生活行为时与上述例证所揭示的内涵相差不大。社会中的许多实践问题只有靠复杂的数学方法才能解决，在众多的社会问题中现代人寿保险系统也许是最具代表性的。

公司与个体投保人（policy-holder）之间有关人寿保险的相关协议并不是一种不计后果的赌注，而是通过经验概率认真计算后的结果。先验方法唯一能确认的就是一个人必然会在某个时间去世，至于什么时候去世完全不可能测算。在实际操作过程中，通常都是基于对每一年每一范畴正常预计的统计观察，随后制定相应的保险费率。

早期的死亡率统计表（tables of mortality）在实践中基本不具备参考价值，但是通过改进之后，如今的死亡率统计表已经变得十分精确，大多数政府部门在制定相关法律时也会参考这些统计。官方的精算师在制定权威的死亡率统计表时，必须掌握每一家公司处理其所管辖员工的合理统计方法及数据，这些也是其制定死亡率统计表的基础。没有一家保险公司能够预测任何一位投保人的死亡日期，但是能精准地预测在某一特定时间段内特定人群的死亡数量。也没有一家保险公司能预测谁会自杀，但是却能比较精确地预测自杀人数。在相当长的一段时期内，保险公司因为任何非正常的高死亡率支出的保费与长寿的投保人支付的保费其实是基本平衡的。这些事实对于大多数人来说都感到震惊，即使有些人相信这些事实，但很多人仍然不愿意信任保险精算师。普通人根据自身的经验或许认为这些方法是合理的，但是仍然心存诸多顾忌。虽然他们也知道保险公司之间存在竞争，但是就个人保险业务而言，在他们看来，最终的结果肯定也是保险公司受益。

然而，纯理论的数学运算却不止上述这些。纯理论的数学运算要求对实验观察获得的为计算提供的每一个数据都要经过检验；要求在评判具体的计算时，计算涉及的样本再大都要认真检验；它可以根据概率精确性的价值的重要性来对概率本身进行比较；它可以消除不相关内容；在许多情况下，它可以在被人认为简单的、直接的因果关系中测算其复杂性。

保险系统也许是概率论及基于其发展而成的统计学运用最为彻底最为广泛的领域，除此之外，人类社会其他诸多问题也是仅仅靠运用概率论等方法而解决的。当然，人类基于其自以为是的常识判断，会认为这些抽象方法是人类原始的小聪明或者是经验，这种认识本质上反映了对统计观察认识的不成熟。

大多数看似客观的人类活动其实来源于各种复杂因素在某一瞬间的结合，然而，我们会将决定我们行为的最基本的因素描述成——遗传、环境、本能或者是自由意志，毫无疑问的是，没有两个个体或一个个体中的两个瞬间是由同样的或者差不多相同的因素构成的。在每一个族群中，群内成员基本上出生于一般血统，死亡体验基本也一致，但是每一个成员的个体活动却是千差万别。在实际生活中，两个人经历完全相同的死亡过程，这种现象也是不存在的。同样，如果两个人对同样一种活动有兴趣，但是激发这种兴趣的心理活动肯定是不一样的，而在执行这一活动时也不可能是完全一致的。如果通过对观察到的数据进行数学统计、分析能够大致预测在特定时期有多少人因为某种特定疾病而死亡的话，那么同样可以通过相同的方法去比较精确地预测未来人类活动中会出现的重大事件。这些经验概率的计算不能预测任何一个特定个体的活动，但是能预测较大规模社会中大型群体中个体成员的总体需求，并为此做好相应准备。因此，经验概率的计算不仅适用于交通管理，也适用于图书馆设施建设。

四

基于上文所述，我们似乎也能预测任何新出现的科学中肯定会具备的一些特性。图书馆学之所以成为科学，只是因为其在本质上遵循了现代思维的思考习惯。任何一门学科或者一位学者如欲将大量的信息综合成一种知识，其必须先从客观现象着手。面对这些客观现象，必须通过各种严格的科学观察方法对其进行观测。首先，需要明确构成这些现象的基本元素及其各自功能。而在观察过程中，任何可以使用的设备，都可用来对这些客观现象活动进行量化测算。有些无法测算的、模糊的内容可通过对被其影响的可感知的副效应（secondary effects）的观测来推算。结束观测后，就可以对引起这些客观现象的最直接原因进行阐释。对于复杂的现象，试图探寻引起这一现象的最直接的原因是不切合实际的，因此需要通过对大量的数值样本进行统计分析，从而确定各影响因素与复杂现象之间的定量关系。进而，提出相应的假设以解释这些影响因素，为验证这些假设的正确性，新的方法有时还会被发明。除此之外，在科学研究领域之外还会有持续的思想交流。图书馆学会从其他学科领域借鉴相关研究结果，而图书馆学的有些发现也会反哺于其他学科。作为一项新的事业的图书馆学的本质还是人类活动的一方面。

作为人类活动组成部分的图书馆学的诞生，也为图书馆员提供了新的视角。他们会将注意力从图书馆业务流程更多地转向图书馆的社会功能；他们会像热烈地追求图书馆工作效率那样努力地为准确理解这门学科而奋斗；他们会用现实的考量来调和他们的理想；他们会发现新的图书馆职业标准，而不会像以往那样认为图书馆职业的价值是一种先验的价值；他们会在一些代表性的而不是偶然出现的现象中寻求知识；他们会研究图书馆学，而不是研究单一的图书馆个体；他们会逐渐改变以往对于图书馆工作高度同一性的认识，会认识到图书馆实践中不同工作之间的真正区别，但是在整个图书馆事业中，他们寻求的仍然只是一种合作者的角色。

五

科学的定义是存在缺陷的，这一点人尽皆知。科学仅仅针对的是各种现象，对于形而上（metaphysics）的内容也许就无力顾及。科学调查也不可能触及事物及其各种关系的最终本质。即使再乐观的科学家都不敢预言他所使用的方法将来能解决哲学中尚存的涉及哲学本身的一些问题。科学虽说已经具备了解决抽象问题的一部分能力，但是距离完全解决尚有很长的一段路要走。无可争辩，科学方法并不适用于一些特定的案例，而且丝毫也不关注具有独特性的人或事以及主观情感价值。

一个人的精神生活（psychic life）不仅包括精神活动还包括智慧活动。对于个体来说，情感价值意识的重要性远高于理性思考意识。对于触及个体个性的每一件事，他都需要有所说明，因此每一个个体都会创造一个与客观世界相对应的主观情感价值世界。如果否认这一点，就如为庇护绝对唯心主义（absolute idealism）[①] 而独断地、不计后果地宣称凡所有相皆是虚妄。形而上学家会永无止境地争论“如果没有真的耳朵在听的话，是不是瀑布制造了各种声音?”不过，能肯定的是，缺乏了那些能感受到瀑布之美的大脑，瀑布的美是不存在的。现象是由各种客观物质组合而成的，但是对于“美”的评价肯定是主观的，这一特性永久存在于人类文化生活之中。过

---

① 绝对唯心主义是德国哲学家黑格尔客观唯心主义的别称，由于黑格尔的哲学体系以绝对精神或绝对观念为出发点，因此他认为这种绝对精神或绝对观念是独立存在的唯一的世界本原，现实的物质世界只是这些绝对精神、绝对观念的外化和表现。——译者注

去、现在以及未来的所有人都是与个人、美学和道德的兴趣紧密联系的，消除个体与这些主观世界的联系等于是减少这一个体作为“人”的存在感。

人类文明中没有哪一种事物比文学与上述精神价值的联系更为紧密，图书馆学中的大部分重要内容其实与文学一样，与人类精神世界价值紧密联系，这也注定这部分内容不可能成为科学，因为这些内容的本质是属于人文层面。科学的方法适合用来阐释图书馆学中一些机械的内容，很多主观内容用科学方法去阐释是根本不能想象的。例如，科学的方法可以用来研究一首诗的韵律、语音、语言、修辞以及历史发展，但是当一位科学家读完一首诗的最后一个词时，对于这首诗所表现的独特的余音绕梁般的精神境界之美其实还未理解完。当然，有些人无法容忍用自然科学的那些方法来研究诗歌，即使只是涉及诗歌的一些结构要素。其他有包容心的人则认为这种用自然科学的方法来研究诗歌也是很有启发的，他们认为这种方法并不彻底妨碍欣赏诗歌的美。如果知道可能是以“感觉”为代价的话，那么知识的费用就太贵了，以至于无法承担。事实上以精神价值为代表的主观世界与以科学为表现的客观世界在同一领域并不互相排斥，是相互共存的关系，也不存在谁取代谁的情况。

所有的科学都只注重知识，图书馆学尤其只需关注图书馆事业基本现象中的理性内容，即借助于图书将社会积蓄的经验传递给每一位社会个体成员。这种传递是十分复杂的，其中除了理性的内容外，很多非理性的成分是无法通过科学理解的。任何人都可以通过形象的记录获得他人已经了解的、确信的或感觉到的知识，这些知识也许可以让他产生相同的信念或情感。而他获得知识的这一过程也许可以用科学的方法进行研究，但是这一过程中的主要内容是个体的主观反应（subjective reactions），而这种反应是不能通过科学再现的。笔者认为，科学的方法其实是次要的，这些方法只是为他者服务的一种有用的工具而已。

上文讨论了许多看似与图书馆学“不大相关”的内容，在接下来的章节中，讨论将仅限于图书馆学范畴。由于缺少对图书馆事业中人文主义内容的描述，因此似乎有必要将图书使用过程描述成“阅读学习（learning by reading）”，而图书使用的效果，我们将其描述成“知识（knowledge）”。这样命名并不代表我们无视我们的失误（即上文说的缺少对图书馆事业中人文主义内容的描述），只是为了在此处强调我们对于精神层面内容的重视。上文曾反复提及精神层面（或主观层面）的内容很难研究，但是这些精神层面内容对人类文明的重要贡献又不能否认。而图书馆事业也不需要像教育或者医学那样，在不减少其人文主义性质的同时蜕变成科学以受益，这一点也是让人感到高兴的，因此可以自由地对相关内容进行定义。前文不揣冒昧谈及了很多科学的内容似乎也是可以的。后文将集中精力探讨图书馆学的真正价值。

第二章
社会学问题

一

社会在每一本书的出版过程中所起的作用似乎远大于作者。通过一代又一代的发展，图书的出版印刷过程如今已成为大量工人共同参与的一个过程，而图书的印刷设备也是不同工厂的工人们合作制造完成的。以前，单独的个体从未想过联合起来，但是如今，从开凿矿石的矿工到操作由众多工人合作完成的印刷机械的印刷工，社会中的每一个行业都已经组织起来，每一个行业所取得的成就都蕴含着社会网络中其他组织或成员的帮助。不同的人对于“社会”有着不同的想象，每一个个体都希望“社会”变成自己想要的那样，“社会”已经成为用来想象的一个终极公共目标。实际上，最终形成的“社会”与每一个个体的期望差距都很大，但是又远比这些个体的期望而伟大。无目的的、无意识的文明推动力比那些简单联合形成的以及含有特定意志力所形成的文明的推动力更为强烈。社会本身就已经建立了其文明传递机制。

一位作者假如单独一人的话，也许花费数年时间才只能为他的书制作少量副本，而这些书也只能在与他联系紧密的小范围内传播，而社会组织中的人则可以将他的作品传播得更广。一个人在很多方面都需要依靠社会组织，上述只是一个小案例。再就图书创作而论，作者使用的语言、书写形式都不是作者个人的发明，这些声音与书写符号只有在社会对话中才具备意义，离开了社会对话，这些也就是符号而已。书中作者的想法、句型虽然是由作者创造的，但是这些想法、句型的灵感其实还是来源于作者所在的社会，离开了社会的源泉，创作者手中的笔好比无源之水，是不可能创作出什么作品来的。

二

上文从图书生产的角度简要说明了图书的本质属性——社会性，除此之外，图书的社会属性在其他方面也有所体现。正是因为社会创造了图书，所以图书只有在社会中才能发挥其各种潜力。图书不仅承载了个人的记忆，还承载了现代社会的部分记忆。记忆是任何精神活动不可分割的一部分，记忆记录了智力活动的范围。为了将记忆保存在大脑中，我们需要知觉的力量；为了长久保存，我们需要创造概念；为了唤醒某段记忆，我们通常需要借助于特定需求下某些意志活动。如果回忆仅仅是大脑中存储的神经力量的一种释放，那么回忆活动就是对大脑所记事情的再现，但是这一再现往往是以倒叙的顺序进行的。作为一种智力活动，回忆其实也是有选择的，并不能完整的再现全部智力活动。

在个人生活中，意识本身似乎也是靠记忆建立起来的一种短暂的感觉。个体的大脑中存在各种各样的“感觉”，某一瞬间某种“感觉”突然与记忆存储的众多感觉之一“相感应”，这种“感应”迅速被大脑捕捉，于是就产生了一种意识。个性是经验累积到一定程度后的产物，其目的是将过去经验投射到将来。记忆是任何自主发展（self-directed progress）的首要条件。一粒种子或一棵植物在发芽、成长的过程中逐渐完成植物生命周期，很显然，这些植物是没有精神活动或者意识的，因为它们没有知觉、没有记忆。植物当然也会感受到外界生长环境的变化并对此作出相应的调整，但是植物成长的顺利与否，全部取决于外在的影响，它们自身在成长过程中不存在真正的选择，因为它们没有经验的积累，为了生存它们必须不断重复一些无用的活动。对于高等动物而言，它们就比较自由，不会像植物那样“盲目”。在高等动物中，人类所能控制的东西又远多于其他高等动物。人类之所以在高等动物中脱颖而出，部分原因就是因为人类拥有记忆以及学习的能力。

在社会中，人类从来不需要了解任何知识的真正起源。一个人在孩提时代和同伴们一起玩耍、学习所获得的知识远比他隐居一辈子所学的知识都要多。作为社会之子，人类继承并拥有了社会的丰厚遗产。当然，站在社会本身的立场来看，继承这些遗产并不是人类的特权，相反这是他们的一种责任。如果一个人把自己当作是社会的一个成员，并且积极为社会创造财富、贡献力量，那么他必须拥有作为“人”的各种应有的知识。

在更为原始或文字尚未出现的时代，各种社会组织的知识只存在于活着的有地位的少数成员的大脑中，这种“垄断”的知识存储模式下所存储的知识的真实性很难确认。在人类文明初级阶段，即使各种事实内容得到保存，人类知识传递机制还是处在襁褓之中，并未完全成型。随着文明的进一步发展，知识以各种形式呈现，文献开始产生。当知识及文献增长到一定的量，仅靠记忆无法完全保存时，一些具有特殊才能的人就会被任命担任专门的官方保管人。随着知识及文献的进一步增长，对于专门记忆工具的需求越来越强烈，于是产生了韵律、谐音，继而又出现了结绳或结珠记事，最后产生了文字符号。虽然现在有大量证据表明每一种文化都经历了象形符号时期，但是由于书写演进历史方面的知识过于缺乏，我们还无法得知这些文化是如何跨过象形符号时期步入新的发展阶段的。

书写艺术的发明对于社会知识的增长具有划时代的意义。记忆只有不断地重复才可能得到保存，但是通过书写保存下来的记录，即使很少使用，它在存储方面的安全性还是比较高的。书写记载的各种事情有可能被遗忘，但是只要书写记录还在，这些事仍旧会被新的读者知晓；但是，如果是通过口耳相传的方式保存这些事，那么一旦中断，这些事就会彻底湮没在历史的长河中。

书写可以跨越时空进行交流。祖先们在文字记录中创造的“人工记忆（artificial memory）”对于推进后世社会发展进程所起的作用远大于后人从其他方面所获得的帮助。

文字记录使社会拥有了记忆，甚至可以说是一种意识，虽然这种“意识”有别于人类所具有的意识，但是这种“意识”仍具备功能活动（functional activities），不过这种功能活动相较于人类的智慧活动还是比较原始的。人类累积的经验类似于社会感觉（social sensation）；各种文献类型，从广义的角度来说，大概可以等同于各种概念的社会形态（social formation of concepts）；在利用这些文献过程中的多样性选择某种程度上促进了社会意志（social volition）的建立；社会在漫无目的地维持其自身运行的过程中逐渐形成了价值观念与社会情感。当然，上述这些都只是笔者观点，正如对社会进化的描述一样，也许不一定正确。但是，这些至少可以作为一种隐喻（metaphor），用来理解那些真实复杂的社会元素。

三

社会积累的知识对于社会及其成员之间的关系有着极为重要的意义。站在组织的角度，为了组织共同的幸福，组织必须合理地选择知识并将其传递给成员，很显然，这就涉及每一位成员的社会责任。站在个人的角度，个人与社会的关系之间应含有一种属于个人的“社会特权”（social privilege），即任何社会成员都能够在现有的知识基础上增加额外的知识。对于这两种视角，还需要更详细的讨论。

社会要求其年轻成员掌握知识，讲到这一内容，似乎又要回到人类的生物本性去了。从婴儿到儿童这一时期是包括人类在内的所有高级动物一段特殊的学习期。随着发育成熟，这种学习的欲望及能力会逐渐减弱，但肯定不会消失。人类，不管处于什么年龄，始终具备可教性（teachability）这一特征。

教育过程长久以来都是一种严格的监督与密集的研究过程。对于教育大部分人都非常感兴趣，最近几年，教育研究也呈现出一派欣荣之象，研究规模、研究活力都远胜以往。教育研究的这一繁荣可能是因为如下三个因素：引入科学的研究方法；借鉴心理学、统计学等相关学科研究成果；新的哲学思想的启示。作为一个普通人，看到现在教育研究领域的这些活动后都会认为人类知识的扩展已经对教育研究产生了重要的影响，他肯定也希望教育研究领域能取得更大的成就。但与此同时，他也会意识到教育领域这场新的狂热的运动中暗藏特定集团利益过分集中、忽视其他一些内容的危险，当下的教育研究似乎正遭受扭曲。因此，我们还是应该将注意力更多地放在教育的最终目的上。

像人类大部分其他活动一样，教育的功能是比较复杂的，从施教及受教效果的角度，可以将教育分成四个层级。为更好地理理解这四个层级，我们可以以基本的数学教育作为案例进行说明，基本数学教育中，最低层级就是某一特定技巧的直接效果。例如，一个儿童被要求学习乘法表，他学习的效果及努力的程度几乎都可以直接测量。当然，这位儿童学习乘法表的效果不仅在学生时代，在他毕业以后的生活中也是可以体现出的。对于学习乘法表的效果，如果是用比较研究方法的话，需要涉及许多程序，而最终的研究结果或许也只是证明教这位儿童以 7 为间隔来数数比要求他死记硬背 2 乘以 7 等于 14 这类乘法表上的内容更适合。当然，笔者此处所举这一例子只考虑纯技巧的影响，对学习乘法表过程中其他的一些影响忽略不计。

在上述这层之上就是教育方法的影响。相对于乘法表的具体的技巧，这一层就是通过教育在学生脑中建立一种永久的条件反射记忆。如果成功的话，当学生碰到 6 乘以 7 就会很自然告诉自己 6 乘以 7 等于 42，并不需要是否真正理解。这种方法不关心真理，只关心是否达到了外部标准要求的正确性。

第三层则是教育对于个人的影响。这一问题对于每一位社会成员个人发展有着极其重要的意义。一个人社会地位的高低、职业的好坏在很大程度上与其受教育情况有着密切的关系。在儿童时期，一个人如果没有掌握同龄人都掌握的基本的算术，那么，严重的话他会遭遇留级的危险。成年后，如果一个人对大众都知道的知识一点都不了解，那么必然会引起他人对其智力水平的质疑。如果一个人不会简单的乘法运算，那么他就不可能成为记账员、会计员或者教师，因此，很有可能只能去工厂当劳工。当然，在工厂，这类人也永远不可能被提拔担任管理岗位。

最高的一层则是教育对于社会的影响。这一点毋庸赘言，每一代人中如果没有一定比例的社会成员熟练地掌握相应的知识，社会文明不可能得到有效地维持以及向前发展。例如，现代生活所需的全部经济机构，要想得以运转，最基本的要求就是大部分人能够处理简单的数字。而一个高级社会——正如当下我们所处的社会，还要求少数社会成员掌握更为深奥的数学计算方法，而这些运算所需的知识也许对社会文化并没有什么意义。一位水手在进行天文观测时，要么是依据经验法则（rule of thumb），要么是掌握了天体三角学基础（spherical trigonometry）。而他在具体观测时，不管是依据经验法则次数多还是依据天体三角学次数多，这两种行为本身的社会功能差别不大。但是这两种行为的结果却关系到未来社会是更追求真理（truth）还是只是追求事实（factual realities）。知识本身并没有美学或伦理上的意义。教育的成本及成效是社会需要考虑的首要问题。如果熟记乘法表能让大多数学生学会乘法，而另一种假想技法——即便教学法上更合理，乃至会培养出少数的数学家，但一味重视教学的方法，或许导致大部分学生都不会掌握基本的运算技能。对于社会而言，追求大部分人掌握基本数学技能还是追求少部分数学家，两者孰轻孰重，毋庸赘言。是理论知识当中的经验知识，还是学术知识，更推动文明进步，这一点目前在实践中还很难判定。

与此同时，社会很大程度上只关心教育的定性内容（qualitative content），如社会会规定确保最基本的生活技能需要掌握多少知识，为此就会要求每一位社会成员都要掌握这一定量的知识。除此之外，社会要求每一代人都必须掌握社会积累的知识的每一部分，这或多或少反映了功利主义的价值。而在现代条件下，社会累积的知识越来越多，单独的个体是不可能全部掌握这些知识的，因此，社会需要分工。而在一个大型的工业社会里，社会对于植物学家、语言学家的需求远不如对工程师的需求大。由于分工，有些知识会被逐渐遗忘，一种文明开始遗忘一些有用的内容时，这其实是一种退化。

现代教育科学过分重视所谓的教学技巧、教学方法，忽视了个体的幸福、社会的利益。我们并不否认，在教学技巧、教学方法领域，现代教育科学确实取得了巨大的成就，但尽管如此，我们似乎仍然有充足的理由对当下学校过分重视技巧、方法忽视其他而提出质疑，仅就此而言，当下的学校就不如过去的学校做得好。当然，笔者言下之意，并不是要恢复传统的教育体制，旧制度被废弃肯定也是因为其不能适应现代社会需求。但是，我们发现旧的教育体制下培养出的学生在前现代时期对于迎接成功事业及公共事务所做的准备远比现代学生充分。传统的学术主要呈现出人文的特点，当下则是偏社会的，而未来应该是呈现出现代科学与工业主义（industrialism）的特点。在过去，当一位年轻人（a youth）离开大学的时候，他已经变成一位成年人（a man），因为他在大学里面掌握了所有成年人生活所必需的知识。但在我们当下，一位年轻人离开大学的时候仍然是个孩子（a boy），这并不是因为他或者他所读的学校退化了，而是因为社会本身的知识环境发生了巨变，教育的任务也被无限放大。社会知识已经远远超过了学校课程所教授的知识，这两者之间达到同步尚需时日。因此，为适应社会的变化，教育的范围必须扩大到足以使每一位社会成员能够利用从各种渠道汇聚而成的社会公共知识。基于此，图书馆就有了新的存在意义，其重要性或许仅仅略逊于学校。

四

“图书”只不过是知识的一种记录，其内容是经常变化的。象形文本记录的也许是一次事实观察、一种观点，或者是创作者的一种情感描述。但是图书不是事实、不是观点，也不是情感，图书只是作者知识的记录，记录了作者的所思、所想、所感。古往今来，数以百万计的作者创造了成百上千万的这类记录，几乎涵盖了全部的社会知识，而这些记录都属于社会。社会在这些浩瀚的图书中也建造了一种重要的记忆装置，这种装置的“寿命”远比社会成员的长。

这种装置的建造有着特定的社会原因，但当这种装置出现后，又诱发一些新的社会现象。当下每一个社会成员都可以公开获取社会积累的全部知识。当一个人打开一本书，他阅读一个小时的收获比他以往在教室里数天被动接受的都要多。他可以选择他研究的主题，如果他愿意，他可以不用尝试去掌握与该主题有关的各种知识或课程就可以快速知道他想知道的结论。除此之外，他甚至可以学到在学校任何一门课程都学不到的事情。通过这一页页的图书，他可以将他的大脑变成承载部分社会记忆的载体。在这里，他还可以为自己建一所学校，在这所学校中，他可以学任何他想学的内容，而他只需要“眼睛”这一位老师。

这是一种新的社会机构，也许会形成潮流。根据社会本身的标准，社会机构的活动有些是好的，有些是中立的，当然还有一些是邪恶的，但不管如何，在评价社会机构活动之前必须要对这一机构有所了解。虽然，这一机构的定位很明确，但是社会很多对其并不是十分了解。不管是自主阅读还是在学校义务教育下被强制要求的阅读，其学习过程都是一样的。上文，我们已经论及学习的结果可以分为四个层次。如果需要详细考察阅读在这四个层次中各个阶段的效果，那么得设计无数的问题，显然，对于这些问题，至今也没得到合适的答案。目前，我们只需要援引几个问题作为例子就可以了。

作为一种纯技巧，阅读可以分为许多形式，这些形式随着读者阅读的主题及对待阅读的态度而变换。通常而言，不管是教科书、系统的论著、期刊摘要还是纯文学手册，都会含有一个完整的特定主题。例如，一个人可以阅读细长的学校手册上的或专家出版的厚重的四开本中的古生物学知识，当然这些古生物学内容还会出现在博物馆传单上，出现在柯南·道尔（Doyle）① 的小

① 阿瑟·伊格纳修斯·柯南·道尔（Arthur Ignatius Conan Doyle，1859—1930），英国杰出的侦探小说家、剧作家，一生创作了大量侦探故事，尤其是因塑造了夏洛克·福尔摩斯这个全球最著名的侦探而留名。——译者注

说中，出现在阿诺德（Arnold）[1] 的诗歌中。如果将阅读作为一种方法来对待，就会涉及怎么阅读的问题了，是快速地浏览还是不放过每一句话地精读？那么，有人就会问，是在详细讨论的书中还是在简要概括的结论中更容易获得抽象的想法？至于阅读对于个人的影响，不同的个体及不同的阅读方式所产生的效果肯定是不一样的。一位印刷工持续阅读印刷有关的图书所获的收益肯定比他去探索生物学图书获得的收益少，因为印刷对于其来说日常接触较多，很多知识都已经具备，而生物学对他来说则是一个陌生的领域，相关知识储备不够。同样对于一个银行家来说，让他持续阅读所熟知的领域内的图书所获得收益还不如他在较短时间内阅读某一未知领域图书所获

① 即马修·阿诺德（Matthew Arnold，1822—1888），英国近代诗人、教育家、评论家，曾任牛津大学诗学教授。代表作有《诗集》（*Poems*）、《诗歌二集》（*Poems：Second Series*）、《新诗集》（*New Poems*），《评论集》（*Essay in Criticism*）、《文化与无政府》（*Culture and Anarchy*）、《文学与教条》（*Literature and Dogma*）等。——译者注

得知识来得多。至于最后，阅读对于社会的影响，我们还是应该具体问题具体分析。关于此类问题也非常多，如：过多阅读低俗小说会产生更多的不良分子吗？现实与想象的区别对于一个人的精神影响真的很大吗？青少年读物会不会延缓智力发育？业余时间用来研究职业理论是不是比用来娱乐对于职业效能的贡献更大？所有这些问题，正如上文所说，至今尚未有可供参考的答案。任何人都可以基于先验的假设来猜一下这些问题的答案，笔者认为每一个猜想应该都是有其合理之处的。

阅读不管是对大部分社会成员产生影响，还是只对少部分人产生影响，社会对于基于阅读的学习是非常关心的。正如笔者上文所述，不管是作为一种技巧，还是作为一种方法，阅读对个人的意义与其对社会所产生的意义都是同等重要的。当然，不管是作为技巧还是方法，亦不管是对于个人还是社会，这四个层面对于阅读本身所产生的结果还是比较关注的。从更广泛的层面来说，阅读这一项活动的价值可以通过在某一时间内其所激发的有价值的知识多少来评估。书中所蕴含的经验记录本身是没有任何意义的，只有当这些记录被转移到活着的个体的大脑中，这些经验才能被社会理解。因此，对于社会主体而言，在任何时候社会累积的经验中的每一部分至少都需要在一些大脑中被激活、了解。否则，社会将无法管理高层次的社会公共生活。通过阅读来学习在某种程度上也是一种智力新陈代谢的过程，如果社会幸福状态一直得以维持，那么这一代谢过程必须永远进行下去。

当然，阅读只有在合适的时间点进行才会产生效果。通过阅读获取的知识并不具备社会意义，只有当被注入社会公共生活的重要河流中时，这些知识才具备社会意义。一位美国银行家了解了梵文（Sanskrit）后，也许会让他和他的朋友感到满足，但是这对于他的事业或者作为一个公民所具备的一般要求则没什么帮助。然而梵文对于一位教授比较哲学的语言老师来说确是非常重要，掌握梵文对他进一步理解比较哲学的基础大有裨益。从另一方面而言，如果这位银行家掌握了印度教（Hindu religion）的一般知识，那么对整个社会的知识总量还是会产生间接的影响。当然，这位银行家也有可能因为印度教使他的心智得到提升，当别人因为目光短浅而做出一些贻害无穷的决定时，他会进行阻止，而这就是他因为阅读获得知识后对社会产生的直接影响。

毋庸置疑，阅读是现代社会生活的重要组成要素，但同样显而易见的是，阅读活动的本质及其理性控制（rational control）内容都不是靠推测性的思考来定义的，这必须作为一种社会现象通过那些已经被充分检验过的科学的方法加以研究。

五

基于推测性思考推动的社会激进改革所带来的危险，通常可以从我们的学校发展史中反映出来。笔者此处强调的是，即使社会以某一项制度没有效用为理由而对其进行变革，社会机构不能轻易地跟着社会改变，应该坚持一段时间。因为，制度主义的精神（institutionalism）总是保守的，不可避免地会落后于一些调整。但是，当这种“滞后”超过了合理的界限，民众积蓄的各种怨恨就会导致过于猛烈的反应。最近几十年来，在我们的教育系统内，这种事已经不止一次上演。由于过分鼓吹现代化，学校改革强迫学生学习许多新的课程，这些课程与他们的生活问题毫无干系，而与他们生活相关的很多课程却被这些新的课程所取代。现在很多学校中为做拉丁研究而设置的西班牙语课程就是一个例子。成千上万的学生要求学习南美的一些语言，这些学生中真正能使用者寥寥无几，学习这些语言并不有助于他们更深地了解母语的优点。

可能没有人会主张全世界的人都要学习的拉丁语应该继续。这一课程曾经是理所应当，因为高中课程仅仅是为进入大学做准备，而当时的大学仅仅是传统的人文研究院。但是，现在的高中和大学的性质已经发生了变化。第一个明显的变化就是现在的公立学校都是延续性课程（continuation course）；第二，大学已发展成培养教师、商人、技术员等专业化（professional）人才的学院；专门的为进入大学研究之前的预备学校也出现了。而对这些变化，一些低级课程不可避免地要作出调整，然而经过了这么长的时间，这些调整也只是用其他一些毫无用处的课程代替现有的那些毫无用处的课程，忽视了很多学生的真正需求，这不得不说是一件遗憾的事。最近几年，有教育家开始提及课程问题，并计划根据实际职业需求对课程进行合理的评估。同时，在教学方法上也提出要更加具有实用性。上述这些还是得益于对现代社会实际需求的分析。

我们图书馆系统在许多方面都是非常保守的。有人也许会猜想，图书馆如果要适应当下社会需求，与当下社会和谐相处，哪些方面需要改进呢？图书馆事业如果不想获得与教育一样的“恶名”，那就需要好好努力。例如，如果一个公共图书馆的委员会发现维多利亚时代的诗歌已经不再被广泛阅读了，因此就要求将购买这一类图书的经费砍掉，改而购买化学类图书，因为一种模糊的、非理性的信念驱使他们认为这样做是符合实际需求的，是现代的。而这种行为和上文提到的学校中西班牙语课程的替换本质上是一样的。图书馆不同于学校，考察图书馆社会效能的唯一标准是看其为各种人提供的参考咨询服务情况。任何机构的改革都必须参考对于组织特征及其活动的持续的社会学研究成果，这些研究可以说是机构改革的唯一安全指导（only safe guide）。不过这类研究的实践解释，决定了一个机构是否需要致力于与任何公开的某种特定的利益相结合，当然这个问题最后还是得依靠专业的智慧进行主观的判断，因为科学不可能区分人类价值中的“好”与“坏”。

第三章 心理学问题

一

社会主体所表现出的任何精神活动都是大量社会个体精神活动的集合。虽然从总体上来说，图书在物理形态上是各种物质材料的集合，但是在精神上可以将图书比作一种存储社会记忆的神经系统装置。社会本身并不存在独立于其成员精神活动的真正精神活动。我们也许会提及社会情感、社会判断、社会意志等，这些统称为社会心理的特定现象只有与对应的一定数量个体的活动联系起来才可以被理解。当然，毫无疑问的是，社会心理与社会成员心理活动简单的累积还是有所区别的，社会成员的心理活动在累积过程中会不断地调适，而这种调适通常称为自感心理电流（self-induced psychological currents）。

基于阅读的学习和其他智力活动一样，要想理解这种活动在人类社群中的存在，首先必须研究其在个体中的表现。很明显，基于阅读的学习这种行为是最为复杂的一种心理活动。从结构上来说，这种行为似乎包括一种知觉以及与之同步的反射记忆（reflex memory）活动。这些元素的结合会以某种方式激发知识概念，最终影响到个人的意识，这一影响过程等同于抽象观察的过程。由于不同的社会经历，每一个人基于阅读来学习的这一活动过程都是不一样的，而这种唯一性也可以通过每一个人的言行表现出来。离开了社会语境，阅读链条上的象形符号、文字、语法组合、思想将毫无意义可言。但是在现代文化中，各种社会对话、社会交流变得愈发集中，以致当一个人想要准确地思考各种问题时，他必须要将有关内容记录下来。一个人的思维习惯使得他阅读记录他想法的文字比凭空思考更加轻松。当下，当一个团体在商讨严肃的话题时，团体成员通常都会以书面陈述开始，即使是口头对话或者会场评论，他们有时也会尝试使用一些书面的内容。而当需要做决定或者下结论时，他们肯定会将这些内容写下来。

上文所述的对于书面记录的崇拜，是由诸多因素造成的。首先就是教育，密集的图书使用、写作练习贯穿了整个教育体系，这不可避免地会使我们产生一种非理性的感觉：书面内容特别正确、特别权威。此外，由于在现代思想中愈来愈多地借鉴科学习性（habits of science），所以愈发强调事实的准确性，对于各种主观的渲染（subjective coloration）也愈发厌恶。一个演讲，其内容如果缺少理性价值，那么，即使演讲者的语言再具说服力，其最终结果也会大打折扣。任何仅仅使演讲变得流利的那些演说术（elocution）技巧都会让我们感到厌恶，因为这些技巧通常反映了一个人思想的肤浅。对话是一种消失的艺术。我们推崇书面记录的第三个因素可能与我们根深蒂固的一种观念有关，即认为我们的大脑永远不可能获得绝对真理（absolute truth）。我们认为人类的知识只是近似于真实，通过不断地修正，虽然离真实越来越近，但始终不可能获得真实本身。因此，我们会感觉到我们所讲的内容在表述时缺乏必要的精确性。相反，我们认为写下来的内容是经过我们反复思考与阐释的结果。因此，在各种形式的智力活动中我们宁愿选择阅读与写作。

二

不过，心理的偏好并不代表能够付诸实际行动。一个人在行动之前肯定已经下好决心（will），而在下决心之前肯定会有欲望（desire）。知识没有情感元素的推动是不能产生行动的。兴趣与意志的结合会形成通常所谓的个人动机。一个人如果要做一件目的性非常强的事，那么他必定要克服自身惰性的障碍及矛盾的心理，不管是一个简单的行为，还是那些克服种种困难后所取得的巨大的成就，都体现这一点。一个人如果想抬高他屋内的窗户，那么他此举的目的不仅仅是为了改善室内空气，更是为了长久的居住幸福，因为他确信这一举动能给他带来免于打扰的舒适，进而利于他长久的居住幸福。通常而言，当我们确定选择做什么的同时我们也已经选择了拒绝什么。

三

让我们再回到对阅读这一特定活动的讨论，我们会发现阅读的动机中包含许多至为重要的派生问题 。阅读这一行为，只有在一个人就某段时间的安排上进行深思熟虑的选择后才会发生。这段时间（有可能是日常工作时间）本来有很多值得做的事，但他却放弃其他的事，专门用来阅读，这肯定是一种深思熟虑后的行为。一位普通游戏爱好者，如果要变成专门教授这种游戏的老师或者该领域内的专业竞技者，他必须将大量的精力用于这些游戏中。对于原野的激情可以在许多有利可图的职业中得到满足，如诱捕动物者、探矿者、向导。收藏爱好者可以为博物馆工作，学生可以成为研究人员，但是没有人会为仅仅的阅读行为支付薪水。即使是图书馆员，也并不一定像大众认为的那样阅读是其理所应当的职责，图书馆员有许多其他需要履行的职责。阅读需要时间，一段专属于阅读而不能做其他事的时间。

阅读是一种孤独的行为。同一个房间内虽然有两位读者，但这两位读者并不会接触，从某种意义上来说，阅读是反社交（anti-social）的，是与许多社交习惯相抵触的，抵触之深以致让人觉得反社交就是阅读行为的一种本质属性。对于有些人来说，阅读是无法进行的，因为他们无法让自己的精神进入到书中，即使只是片刻而已。对于这些人而言，即使独处，他们也并不“孤单”，因为他们的心早就飞到了同伴身边。如果让这些人强行集中注意力，他们会感到紧张疲劳，这种疲劳比高强度的体育活动更让他们觉得筋疲力尽。因此，尽管有时候从理性的角度我们会选择阅读，但实际上阅读这一行为只有在阅读动机很强的时候才会真正发生。虽然我们会有阅读的爱好，但是除了阅读，我们也有许多其他爱好，只有在其他这些爱好被有力的需求或欲望所克服，或者被中和，抑或者被延缓发生的时候，我们才会开始阅读。

阅读动机一定要足够强烈到能够战胜个人心中的其他各种动机，否则不会激发个人产生真正的阅读行为。习惯的养成对于人类行为有着非常重要的影响。一个已经养成阅读习惯的人会发现重复阅读行为是一件比较容易的事，而没有阅读习惯的人在完成一次阅读活动后，让他再一次阅读时就会很吃力。在每天的日常生活中，安排一些休闲时间以及单独的阅读时间，是一种非常好的习惯，这一习惯有助于个人工作与生活。在日常与他人的交往中会发现，我们很容易受他人观念、习惯影响，尤其是好些其他人都具备而你没有的观念与习惯。在有些社会团体中阅读是被认为智力正常的表现，有些则认为阅读是懒散、堕落、孤僻等非正常的表现，这些观念都会对个人阅读行为产生影响。所以说，个人习惯及社会环境在一定条件下也会不可避免地决定一个人是否开卷读书。

四

除了上述因素之外，还有许多其他因素能够决定阅读行为的发生，而这些因素也是变化万千的。此处主要是考察作为结果的阅读行为，与其他与阅读有关的内容并不相同。阅读活动非常复杂，对不同读者的考察，或者对同一读者在不同时间段的研究，都会发现许多不同之处。根据需求可以将阅读动机简单地划分为三种类型：获取信息（information），审美欣赏（aesthetic appreciation），获得直接的愉悦感（direct pleasure）。

上述三种阅读需求中，最简单的也许就是获取信息。读者努力将阅读获取到的信息进行转换，与大脑中建立的知识储备联系起来。大脑的叙述有时会随着读者接触到的内容而不断变化，甚至会越来越偏离读者最初的阅读目的。这种情况下，读者对他正在阅读的内容会逐渐失去兴趣，而他如果仍继续阅读的话，也只是因为他认为，这样获取的知识能够满足他之前的需求。如果真是如此，那么阅读对于他而言，就是一种让他感到不开心的任务而已。他也许从此会讨厌阅读，但是基于对阅读所能带来的信息的渴望，他仍然会带着热情继续阅读。当然，如果阅读对于他而言真是一种负担的话，他也许会放缓阅读的步伐。与此相反的是，他会从对知识的好奇中喷涌出获取信息的需求，这时，他翻动每一页书就如饥饿之人看到食物一般，会让他感到非常愉快，这种愉快并不是因为“食物”有多么美味，只是因为它能充饥。

不管是什么样的情感态度或者个人兴趣，如果阅读的动机是为了满足知识需求，那么这种动机必然决定了阅读活动的特征。持有这种动机的读者，其阅读目的就是将书本上的知识转移至脑中，为了实现这一目的，在阅读中需要采取一些技巧。首先，他必须区分阅读只是为了记住阅读的内容还是要完全理解它们。如果他寻求的知识只是事实信息（factual information），那么他从原始观察中获得和从书本上获得的效果是一样的，都能满足其目的。如果他需要有价值的知识（knowledge of values），那么他自己肯定已经建立了价值的标准，并根据这些标准去努力获取相关知识。如果他需要的是情感知识（knowledge of feelings），那么他需要对他最后获取到的情感进行主观构建，并说明一旦感觉到了这些情感后结果是什么。任何情况下，上述这种想要从人类记录中获取人类经验的读者与真正体验获得相同经验是一样的。一个人阅读历史，是为了更好地理解当下发生的一些与历史上已经发生的类似的事。阅读科学类图书，读者会将自己投射进各种未知的实验室中，把自己想象成实验室众多科学家中的一员。在阅读时，读者会通过感觉以及想象去感知那些陌生人的思维活动，不管这些人是健在还是已经去世。有些人在阅读到一些观点时，会把自己想象成是持有这些观点的同行，会去评判各种争论、平衡各种假说、定义相关范畴以及建立知识评价标准。如果读者寻求的是情感知识，他会阅读诗歌，有时可以从诗歌中汲取理性的内容，有时为了描述灵魂中产生的主观反应对诗歌进行文学批评。每一本书曾经都是一个人，有些只是代表了某个时间段，有些则是横亘人类文明。书中的每一页上都保留着从人类经验中萃取的知识。

在任何情况下，读者通过阅读获取的知识的生动性主要取决于他在阅读时所选择的方法的效率，而不是他操作方法的技巧，这一点只能从读者结束阅读后所获得知识的清晰程度及对这些知识理解的深度来衡量。阅读形式众多，至于孰优孰劣，估计也只能从各自的效果进行评价了。

从阅读中追求愉悦的读者通过阅读会使自己变得非常有生气，在思维表达上与那些只是寻求信息的读者也会形成鲜明的对比。至少在阅读动机一方面，追求愉悦者的阅读动机远较寻求信息者的简单直接。当然，这类读者寻求的愉悦是即时的（immediate）。因此，他们从来不会强迫自己接受那些使他们感到不愉快的任务，即使这些任务是满足他们最终需求所要完成的。所以，对于这类读者，除非他们所阅读的内容本身是愉悦的，不然他们是不会去读的。这类读者的行为动机总是公开的、直接的、不复杂的。但是从另一个方面，这类人所寻求的愉悦类型也是不断变化的，这些变化都会影响到他们的阅读。此处，从愉悦的角度将阅读动机分成四种类型：审美欣赏（aesthetic appreciation），相似经验体验（quasi-experience），从现实中释放（release）以及职业（occupation）需求。

从审美欣赏中获得阅读的愉悦感，这一点也许我们很多人都不会承认。除了创造文艺作品的艺术家外，几乎没有人会认为文艺作品是纯艺术（pure art）的，而拥有对艺术语言进行创造阅读

(re-creative reading) 能力的人也并不是很多。文学作品的作用主要体现在其作为媒介的文字表达之上，文字代表了合理的想法，正如绘画、雕刻是某一实物的反映。大多数读者的思维都会被文字背后的知识含义所控制，正如大多数观画者的思绪容易陷入画中一样。音乐是比较幸运的，因为即使最差的倾听者都不会因为音乐结构元素中任何理性内容所分心。因此，在任何社群中，一首好的音乐它也许会让每一位音乐爱好者感到满意，而一幅好的绘画仍然会让几十个人感到困惑，而一部伟大的书却会让成百上千的人感到毫无用处，根本无法体会其伟大之处。由此可见，文体风格 (literary style) 似乎比图书生产者的理解力更为重要。这一点每个人都会谈论，不过真正独立意识到其存在的却是少之又少。话说回来，情感的文字转换毕竟包含着纯主观反应 (pure subjective reactions)，这对于当下那些只关心科学的讨论来说是无法阐释的。

从阅读相同经验中获取愉悦感，这种阅读和

审美愉悦阅读一样，很少有人会承认，不过这种阅读却被许多人以各种不同的方式实践着。通常而言，在日常生活中，这种阅读意味着对散文小说（prose fiction）的阅读。这种阅读的最主要特征似乎就是一种想象的投射，读者可以将自己想象成一位无所不知者（omniscient）以及他人看不见的观测者感受趣人趣事。毫无疑问，这些让读者感到愉悦的趣事也是与读者自身经验有关。对于有些人来说，小说中对人物的那些非常微妙的描述使他们感到很平淡、无趣；对于有些人来说侦探故事或者海上冒险故事都是一样让人感到厌恶。人类行为变幻无常，但是就阅读而言，阅读兴趣决定了真正的阅读行为。通过小说中令一个人感到有意思的内容，我们甚至可以确定这个人的心态。当然，不同时期流行的浪漫类型（romance types）可以用来作为研究社会主流心境变化的指标。同样，小说阅读中揭示出的阅读偏好对于研究社会特定组织心理模式，肯定也有极为重要的意义。

然而，小说阅读并不仅仅反映了读者寻求直接的愉悦感。如果说为了寻求直接的愉悦感，可以说任何一本书都可以达到这一目的。游记及历史作品的流行为真正的冒险提供了代替品。例如，一部生动描述北极探险的作品，很显然会在具有同情心的读者脑中留下一些烙印，使得读者有时会产生与书中叙述的人物一起去北极与严酷的自然环境相抗争，最后平安归来的联想。同样，对于一些读者来说，散文随笔是他们在未知思想领域冒险的代理人；对于有些人，他们阅读这些散文随笔发现其中反映出的观点或思想与他们自己的思想相类似，这也会让他们感到满足。

第三种追求愉悦的阅读形式是希望通过阅读从现实中获得一种释放（a release from reality）。笔者此处对这种阅读动机的讨论，不会太多涉及借助阅读来忘掉许多事，从而获得一种释放。那些能够被短暂遗忘掉的事肯定不会永久让人感到厌恶的，但这些事确实在生活中某一瞬间会让我们感到厌烦。图书经常被用来作为缓解疲劳的工具，正如许多人在疲倦劳累之时为了舒缓一下精神会选择纸牌游戏一样，不少人则是选择读书。很多人在日常生活中都形成了这种习惯，如果没有这种转移消遣，正常的休息都会受到影响。当图书成为这种转移工具时，书中内容就变得不这么重要了，但是这些内容一定要能激发读者真正的兴趣。而这种兴趣一定不能超过相关限制，如果一本书刺激性太强，反而会增加读者的疲劳感；如果过于平淡乏味，又不能吸引读者的注意力。阅读也许会有催眠作用，虽然这种作用是微不足道的，但是对于有些人来说却是有奇效。这类人以一种被动消极的状态去阅读，这种状态比有意识地研究更能进入大脑深处，这也许可以用来解释偶尔在一些人身上出现的令人震惊的深度学习现象。这些人可支配的时间很难适应那些要求他们全神贯注的任务，因此，面对这些任务时，他们只能以一种被动消极的状态去面对，而这反而会出现一些深度进入状态的现象。一个人为了转移注意力而阅读时，也许不会读很多内容，但是他往往很会选择要阅读的内容，一旦选择好便保持这种阅读的状态，从而实现转移注意力的目的。

通常而言，为了转移注意力而阅读与为消遣时间而阅读两者是很难区分的，不过这两者之间毕竟还是存在真正的差别。前者读者对阅读的内容通常会表现出积极的兴趣，而后者完全缺少这一点。一个典型的为了打发空闲时间而阅读的案例是，一位旅行者因暴风雪被困在一个村庄中，他手头除了所在村庄的电话簿之外没有任何其他读物，他在躲避暴风雪这段时间内会精读这本电话簿，直到几乎能全部记住其中内容。这种看似闲散的精神活动对于打发闲置时间的无聊感是大有裨益的。类似的为打发时间而阅读所选择的读物，主要是阅读报纸及其他不需要花太多时间的一次性读物，这类现象在大街上的汽车中以及由大城市开往郊区的火车上经常可见。以阅读来打发空闲时间这一习惯一旦养成，不管是在办公室，还是在餐馆，抑或是在家遇到空闲时间时都会选择阅读。在一个与世隔绝的地方，工人们为了从工作中释放出来，会拿起印有文字的纸张；而家中那些孤独的主妇们，在空闲时间也拿起了那些印有文字的纸张，在这里阅读成为他们最好的消遣，因为除了阅读之外，他们似乎也没有其他什么可以做的事。

五

上述提及的各种推动阅读的因素都是完全正常的，然而，当精神状态出现失衡以及大脑出现病态特征时，这些阅读推动因素会以非正常形式出现。有自卑心理的人的内心会强迫他在一些特定领域展开研究，在这些领域里，他会把自己想象成最为弱势的人。如果他缺少毅力，他会用一些前期工作及宏大的不大能实现的项目来满足自己的欲望；如果他有一点勤奋，他会努力让别人觉得他是有真才实学，以此掩盖其一知半解的实情。这种类型的读者，经常会非常警惕一些奇怪信息，因为在他们看来这些信息是非常深奥的。与此相对比，第三种有自卑心理的读者的动机会导致一个真正具有天赋的人不断努力最后获得无上成就。此处提到的这些非正常的阅读动机只包含那些不快乐的人能感觉到的病态的主观反应，就他们的行为而言，也是完全正常的。

还有一类“受害者”（读者），推动其阅读的因素也经过了变异，这一因素就是出于引人注意的需要。日常世界中，大多数情况下，每一个人都希望大多数人与自己站在一起。为了实现这一目的，就需要做一些惹人注目的准备及流利的口才。还有一些情况，一些缺乏自信的人往往只在意某一个人的看法，有时仅仅是因为这一个人在某一瞬间的反对，都会给这些缺乏自信的人留下永久的怨恨。几乎在任何社会周期中，都会发现至少一起这种代表性的精神失常案例，某一个人因为一次不轻易地怨恨或单方面的敌意最后导致他的一生都被改变。学习的欲望如果想让他人印象深刻，必然要求这种欲望背后蕴含着深刻实在的内容，而不仅仅是虚假的外表。但是不管如何，因为这种心理态度而进行阅读的人，始终缺少最基本的真诚。寻求知识，除了寻求其本身固有的价值之外，更是为了将其作为实现个人价值的一种途径。如果获取知识是为了与他人争高下，那么最终受害的还是自己。每一个事实上的成就都要经过他人的审核，这种审核相较于正常需求更为严苛。一个因缺乏自信而存在严重心理障碍的人，会发现很难评价他所取得的成就是否达到其真正价值，对于这类人而言，骗子对他们的刺激都要比他们自己内心最具决定力的欲望有用。

然而，有时对于信息的正常心理需求来源于内心的狂妄自大（megalomania）。比较普遍的一种情况是，当我们需要用理性的证据去证实非理性的信仰时，就会产生信息的需求。有相当多的人死后被认为是热情的知识寻求者，但现实是，他们仅仅是自我蒙蔽者。他们这种顽固也是因为心理畸变；他们将自己的一生都致力于寻求那些无用的怪异宗教、经济或政治教条的证据。他们对于找到最后真理充满自信，因此，对于一些反证就是不相信。这虽然也是一种知识寻求行为，但只是寻求知识的宣传价值（propaganda value）。

除了满足信息需求的阅读动机，不少其他的动机似乎也是病态的，有些完全是邪恶的。此处必须将作品中光明的内容与那些色情、犯罪、反社会、反传统的内容相区分。为转移注意力及娱乐消遣使用图书也许就像懦弱的人逃离现实，在伪装的世界，他抛弃了所有的责任。

六

每一种阅读类型背后所蕴藏的心理动机都是独一无二的，但是，每一个动机都不可能一直主导读者阅读行为，读者经常是在不同的动机中切换。确实，我们完全能够想象：一位读者，虽然他开始阅读时的动机只是为了打发一小段空余时间，但随着他阅读的进行他会发现他阅读的内容很有趣，越往下读越感到开心，因此也就越想读，最终读完时凭借其有意识的努力他已经获得了有用的知识。通过对阅读行为的观察，发现有一点需要强调，那就是不能把所有的阅读统归为一种简单的、同质的（homogeneous）活动。如果意识不到阅读动机的多样性，就无法对各种阅读行为进行正确区分。事实上，没有一个人在某一刻因为获取信息、愉悦感、转移注意力或者职业需要进行阅读，这些需求中的任何一个也许都会通过其他途径得到满足。一个人在读书之前，一定要有目标，不仅是能够获得图书，而且有阅读该书的心理刺激。事实证明，后者（阅读动机）必须明确，这也是任何关于阅读的科学研究中最为重要的内容，因为不同的阅读动机导致的阅读行为是不一致的。

例如，假设某位读者产生了通过阅读获取信息的需求，那么这种需求要足够强烈以致能战胜能导致其他行为的需求；其次，这种需求还应该是当下的（present），在真正的阅读行为即将发生之前；第三，这种需求是一种有明确意识的知识，知道所需信息的类型以及确认这类信息可以从哪些书中获得。这种有意识的知识与每个人的知识背景、人生经历有关。从目前来看，社会环境决定了一个人的人生经验，这种经验应该是可以被概括的，而且在大多数人身上都能够有所体现。通过阅读获取信息这种需求的最简单的形式通常与学校经历有关。随着时间的流逝，大部分人开始感叹他们对以前在学校所学内容不够重视，之所以会有这种感慨，或许是因为他们已经遗忘掉了他们曾经知道的内容，或许是因为他们当初的漫不经心，就没真正学过。不管是哪种情况，这种愧疚感会激发他们弥补这一不足。个人对某一科目熟悉程度与其特定阶段的人生经历有关，这也就能解释某一个人强烈的学习曾经出现在其学生时代课程上的科目的欲望，即使他知道自己现在对于那些科目的需求远没有学生时代那么强烈。这类阅读需求的第三种形式与已经开始的一些学习有关。这一点也是很容易理解的，例如，一个人在课堂上已经学习了关于英国史的知识，通过英国史的学习，他会产生了解其他特定国家知识的需求。类似的每一个案例中，普通科目的必备知识肯定在学校中已经获得了。这也同样可以解释为什么有些人想学习一门课程的分支内容，甚至只是学习这些分支内容的概要就可以，因为这门课程虽然存在于正规的教育体系中，但是其相关分支学科内容在授课时被省略了。此处，笔者想再次重申一个人的知识结构决定了其信息需求，而这种知识是通过个人与社会之间制度性的连接获得的。如果在低年级的时候这种连接受到限制，那么毫无疑问这将影响学生对于整个学科范围知识的掌握，而最终则影响到学生成年以后的知识观。

职业活动是知识与学科兴趣的另一来源。正常的好奇心会唤醒许多职场人士了解更多关于他们工作的需求；正常的欲望会提醒他们个人的晋升往往与个人智识能力相挂钩；正常的对于高级社交及训练有素的专家地位的妒忌，会提醒他们效仿这些人，从而努力学习。一个人因为上述任何一个因素的刺激而阅读与职业相关的知识，研究这些知识所在的学科，这或许会使其成为相关领域的领跑者，当然这也不是百分之百。一个人如果想通过参观技术博览会就能提高其技术技能，那么他的期望肯定很容易落空；复杂的技术操作是很难用文字描述清楚的，实践远比图书能让他学得多。一个人如果真是如此，那么这还很容易造成他轻视理论重要性的倾向；通常而言，对于一个实践思维（practical-minded）的人来说理解基础知识的意义是很难的。例如，一位技工对于理论几何学总是显得不耐烦，就像一位会计员蔑视经济发展史一样。但是当工人们的兴趣转移到正在做的工作时，了解与工作有关的知识的需求会激励他们去阅读。一位纺织品销售员需要了解纺织品制造情况或纺织品生产者情况，这一需求会使他坚持阅读相关课程。每一次试图将书中获得的信息立即运用于职业中时，还必须考虑到职业知识的有效动机。例如，当一位广告作家研读与其所撰写广告商品有关内容时，他使用的图书就可以看作他生意的工具，就像木匠的锯子一样。

源于偶然经历对某一特定主题的信息产生需求，这有点类似于上文提及的因职业兴趣产生需求，但是两者在许多方面还是有区别的。主要表现在，这类需求更多的是源于与机构之间的联系而不是与个人之间的交往。参加教堂、文学社团以及政治集会产生的信息需求与日常生活中产生的信息需求显然有很大的差异。然而，除了这些组织外，当下各种媒体的狂轰乱炸也会激发个人的学习兴趣。媒体的这种刺激本质上有相当一部分是借助于各种出版物。许多图书会涉及各种附属信息，以此作为激发读者了解更多相关信息的途径。如果利用这种途径来激发一个人进一步学习或阅读的兴趣的话，那么可以想象，书中如此多的附属信息，如果真要进一步学习似乎得学遍人类所有学科知识。然而，在现实中，很少有读者会从已经阅读的图书中产生对特定学科进一步学习的兴趣。不过这种情况似乎不适用于报纸。报纸中涉及各个主题的正文以及含有参考意义的广告，由于记者处理方式的局限，这些内容很难被清楚地阐释，因此，这往往能激发读者强烈的好奇心。通过比较大部分平常不读书的（non-book-reading）读者认为的最有意思话题，以及普通报纸上主动强调的那些话题发现，两者对于刺激读者进一步阅读所起的作用表现出高度的一致性。不过这到底是效果还是诱因，有待进一步的研究。这一方面也许说明报纸激发了读者的兴趣，但是另一方面也许说明报纸只是迎合了民众需求。然而，与此同时，我们不禁要问，记者对于大众需求的报道有多少是基于事实性知识，又有多少是依据个人武断的判断。一位经验丰富的报人在私底下经常会表现出对民众智识的轻视，就像表现出犬儒主义（cynicism）① 的那些经验丰富的剧场经理，在他们的观念中，虽然也关心群众，但是却又缺少对民众的坚定信心。也许通

① “犬儒主义”来源于古希腊四大学派之一的“犬儒主义学派”，该学派通常认为是由苏格拉底的弟子安提斯泰尼（Antisthenes）创立的。当时奉行这一主义的哲学家或思想家，他们的言谈举止甚至生活态度与狗的某些特征很相似，他们旁若无人、放浪形骸、不知廉耻，却忠诚可靠、感觉灵敏、敌我分明、敢咬敢斗。于是人们就称这些人为“犬儒”，意思是“像狗一样的人”。还有一种说法是说安提斯泰尼经常到雅典的一个被人们叫做“快犬”的体育场去和人们谈话、辩论，在这个地方形成了他的思想和观点的最初的追随者队伍，因而被称作“犬儒派”。“犬儒主义”则由这一学派的观点理念和生活行为演化而来。——译者注

过对报纸中经常强调的文本以及广告中吸引公众注意的内容认真研究，同时与民众共同的阅读兴趣进行比较会发现很多有启发性的内容。

除了报纸之外，还有大量的发表在期刊上的文献。不考虑物理形态及发行频率，这些文献中的一部分内容其实与报纸上刊登的文章也没有什么差别，但大部分还是属于真正的杂志。杂志的一般形式是一种较之报纸内容更长的混合体，杂志每一页涉及的主题相对报纸而言是很少的，而杂志编辑选择刊载的内容通常则是为了迎合社会中特定多数人群的阅读需要。两种因素有可能会激发读者有意识地选择阅读刚发行的这类期刊：一种是被期刊的内容所吸引；另一种是他从过去的经验或是期刊的名声了解到该刊的办刊取向，而这使他坚信这类文献所包含的内容更能使他产生兴趣。与此同时，毫无疑问的是在许多情况下读者阅读期刊只是因为兴趣，或者是为了弥补之前某一领域知识的缺陷。

机构激发读者阅读兴趣的过程虽然大同小

异，但是由于机构的不同，很多读者也会在某一瞬间产生阅读新主题的兴趣。例如，订阅式图书俱乐部，这种机构的运作会让人认为是杂志系统的一种变形。较之其他类型机构，这种机构唯一的特性就是其发行的每一期出版物都是一本完整的图书，而不是各种文章的合集，但是到年底的时候会发现该年所发行的出版物上所有的主题内容与同领域其他单月刊或者双月刊的主题列表内容相差无几。读者会将他自己置于编辑的“掌控之中”，由编辑替他做阅读选择。在某种意义上，不管什么时候，书商或是图书馆员在为其潜在的读者（would-be reader）选择图书时都会希望帮助这些即将成为读者的人创造或强化一些阅读兴趣。此处，有人也许还是会说，编辑只依据自己的主观判断，虽然他们会呼吁阅读某一类主题图书，但这些呼吁并没有真正基于读者的需求。

七

我们心理学问题的最后一个环节是讨论关于

阅读对于读者精神生活所产生的效果问题。但是，这个问题非常晦涩、复杂，任何只想通过普通的观察来分析这个问题肯定是徒劳的，所以对于这个问题只能有待来者了。

第四章 历史问题

一

从物理形态来说，图书是一种人工制品（artifact），这种人工制品只有在文明社会中才能生产出，这一众所周知的事实背后涵盖了许多历史的内容。一位作者在写作之前必须掌握语言及文字系统，不管是语言还是文字都不是作家的发明，是文化的产物，这些内容形成如今的定式并不是因为文化中随意的惯例，而是经过长期进化的结果。与语言、文字一样，书籍如今的形式、制作方式也是经过相当长时间的发展而确定的，书籍形态演变、制作方法变迁都是图书馆学的基本历史问题。当然，我们不仅需要考虑用于文字记录的各种材料的物理性质，更应该研究这些材料所反映的功能效用。泥版（Clay tablets）、鞣制毛皮（tanned skins）、纸莎草（papyrus）每一种材料的选择，都反映了人类对于书写材料廉价、轻便、永久保存的要求。如果作为参考工具书，平版（slab）、卷轴（roll）、抄本（codex）各自功用也存在很大的不同。而作为读者阅读辅助工作的封面书名（cover-label）、题名页（title page）、目录（table of contents）、页码制度（pagination）、字顺索引（alphabetical index）同样也是经过相当长时间的发展才有今天的样子。而仅仅图书插图的历史就能概括现代学术技巧的发展史。文字书写复制技术的发明使得欧洲在五十年内生产的图书数量比文字书写复制技术发明以前的一千年时间内生产的图书数量都多。现代传播系统的经济便捷使得当下一位乡村牧师拥有的典籍也许比托马斯·阿奎那（Thomas Aquinas）[①] 一辈子见到的都多。历史也表明，图书中记录的文化运动（cultural movements）是文明发展走向的决定性因素。

作为机构的图书馆发展史同样是图书馆学中至关重要的一部分内容。每一个时代为了适应当时智识习惯，图书馆都会建立相应的文献收藏体系。从配有简单设备、管理也不大能满足读者需求的中世纪修道院图书馆，到后来馆藏依旧贫乏（只收藏满足教学需求的教科书）的早期学校图书馆，再到当下可以自由借阅的现代公共图书馆，期间虽然经历了漫长的发展时期，但每一个时期的图书馆都是与当时社会条件相适应的。社会观念每一次大的变迁都会对当时图书馆的发展

① 托马斯·阿奎那（Thomas Aquinas，约 1225—1274），中世纪意大利著名的哲学家与神学家，他把理性引进神学，代表作为《神学大全》（Summa Theologiae）。天主教教会认为他是历史上最伟大的神学家，并将其评为 33 位教会圣师之一。托马斯·阿奎那是西欧封建社会基督教神学和神权政治理论的最高权威，经院哲学的集大成者。他所建立的系统的、完整的神学体系对基督教神学的发展具有重要的影响，他本人被基督教会奉为圣人，有“神学界之王”之誉。——译者注

产生影响。在中世纪的最后一段时期，随着平民组织力量的增强并逐渐取代封建领主势力，市政厅及同业公会的作用日趋凸显，这些机构同之前的权贵一样，同样热衷于收集瓷器、艺术珍宝以及图书。随着宗教改革运动（Reformation）的推行，真理逐渐取代神权，而衡量正统神职人员虔诚的标准仍然是看他在阅读中的勤勉程度。但是，就内容来看，这是一种新的衡量方法，与传统的方法还是有所区别：之前要求神职人员每天花费大量的时间精读课业规定的读物；而此时的新教牧师可以终生自主探索严肃的文献。神职人员的工作室也由圣器收藏室变为排满书籍的书房。随着官方民主观念的兴起，从君主到普通职员，都将他们所继承的个人藏书转让为社会共同所有，这些藏书在他们先辈看来，毫无疑问是属于私人财产。18 世纪，随着资本主义及基于经济地位的社会特权认同的兴起，与此相呼应的合资图书馆公司（joint-stock library company）得到发展。多愁善感的维多利亚时代，受自我理想化的自由主义思潮影响，工人成人学校（Mechanics' Institute）的图书建设，因慈善捐赠取得了显著发展。我们这个时代，社会两大极点的力量使图书馆让公众免费使用这一宗旨得到确认，这两大力量分别是：资本家的慷慨捐赠奠定了图书馆事业发展基础；图书馆发展所需法律的建立。正如我们所知，只有了解图书馆历史起源之后才能真正理解图书馆事业。

美国图书馆的诞生尤其经历了各种社会力量的洗礼。在美国早期图书馆创建者的脑中，始终有一个清晰、理性的信念，认为民众启蒙离不开图书馆的支持，图书馆和学校一样，是国家必须重视的机构。选民普遍掌握可靠的信息是现代民主理论的基础。因此，为了获得信息，美国人民在心中自然会产生一种情感反应，支持建立图书馆的各种运动。对图书——仅仅是图书——的渴望似乎也成为美国偏远地区人民的一种无意识的民间记忆（folk-memory）。正如大家所熟知的林肯小时候的故事，林肯在火警灯具发出的微弱灯光下所读的书是他艰难跋涉二十英里借来的，后来证明这个故事内容是虚构的，但是从这个故事的广泛传播却也能揭露出当时一个微小社区中的民众在获得一本公共藏书后的喜悦之情，这也确实反映了那个时代美国的一种深层次的社会意志。美利坚文明中包含着对图书的基本渴望，这种率直、朴素的诉求以致有时不能辨别图书的质量。在美国，还有这样一个例子，一个因向本村征税而为人所熟知的村庄，为了村民的娱乐消遣，非常乐意提供一些毫无价值的小说，而那些提议提供音乐、戏剧、艺术的民众的建议经常被嘲笑为是乌托邦式（utopian）的建议。从这一个很小的例子也能得知，美国图书馆必须以一种极端的形式表现出对美国文化中那些非主流元素（自满、女性化）的宽容。

当下美国图书馆的地位仍处于令人绝望的困惑之中，只有当人能够意识到，在现有的图书馆体系中渗透了太多的个人因素，忽视了民众的普遍意愿时，这种困境才能得到改变。我们的国家对自身的福祉保持一种令人感到奇怪的冷漠态度，之所以如此，有可能是因为那些武断的利己主义执政者全凭个人意愿率性而为，轻易地制定与公共利益有关的政策，全然不顾民众的意愿。图书馆创建者的需求及理事会的偏见也经常会使图书馆莫名其妙地变成一个公共机构。因为上述这些人，多个区域大都市图书馆几乎已经荒废，这些人将他们的权力致力于实现他们浪漫的文化理想：在他们看来最好的图书馆，是拥有土地的英国绅士从接受过高等教育的祖先手中继承的，不管城市居民是否愿意，这些人认为他们的城市就应该有这样的图书馆。还有一种情况，一位长者通过选举成为地方管理者，他上任后所作的决定都是依据迂腐的文献规定：在这位守旧者看来，本世纪以来没有出现一本有重要价值的书；图书馆的项目开发根据这些文献规定都是有缺陷的，都达不到质量标准。凡此种种，不一而足。让一位图书馆史学生去研究一下图书馆发展史上被强行渗入的这些无休止的变幻无常的人为因素，似乎很有必要。

对于决定图书馆发展史上每一个重大事件的特殊力量的研究，必须在每一个图书馆学分支学科中占有一席之地。这类研究所取得的成果，对于图书馆事业福祉的贡献，显然较之对于图书馆事业存在先决条件的研究多得多。然而，还有许多其他历史因素决定了图书馆的基本职能。正如前文我们已经讨论的，图书馆事业的基本元素植根于社会累积的知识之中，这些知识通过文字记录机构连绵不断地传递给下一代。在知识传递过程中，每一个能够获取知识的单元，读者将获取到的知识简化为书面记录，并根据特定的情况使用这些书面记录，而这些都可以作为历史现象进行研究。在浩瀚的历史长河中，有些内容已经被我们所了解，而很多几乎已经被彻底忽略了，但这些被忽略的内容其实是需要探讨的。

二

上文提及的众多被忽略的内容中第一个就是

知识本身的历史，此处是从广义的角度使用“知识”一词的。关于知识本身历史这一问题，根据知识作为审美的（aesthetic）和事实的（factual）性质可以分为两个部分。当作为审美的知识时，研究知识历史就是研究文献的历史，这一取向下的研究已经有好几代学者都在探索了，相关研究成果也早已进入学校课程，研究方法也呈现出多样化。一些文献史家如今唯一关心的问题就是文献的质量。这些历史学家将所有人类作品看成是绝对的现在（absolute present），并将世界杰出作品放在一起进行比较，好像这些作品都是同一时代的（contemporaneous）。为此，这些学者将他们的全部注意力及精力用于考察这些作品的诞生情况、为什么伟大以及这些作品的影响力。当然，也有些学者并不赞同上述这些学者的研究成果，也并不认同他们制定的经典的标准，他们只按照各种文献所处的文化背景来考察这些文献。这些学者将人类生活本质看做是植物生长（plant-like development），在他们眼中，历史学家的任务就是解释他所选择的某一周期的横截面以及滋养这一时期文化的“根”。还有一部分人将文献看做是人类生活的附带部分，因为内部力量的相互作用，这些文献也是忽张忽弛。对于这类学者来说，人类在松懈时期所写的作品很差，而到了文化的黄金时期，他们就能写出伟大的作品。

每一个图书馆员对于他职责的看法，部分是由他对在学校中接受的上述历史思维的忠贞程度决定的。如果他持有一种传统的思维，他会认为他将世界上最好的书传递给读者，为社会福祉做出了最大贡献。或者是，在他们看来，虽然很多读者并不能欣赏这些代表人类最高成就的杰作，但是根据读者的理解能力，向其传递符合这一理解层次的最好作品，同样能让他们感到满足。此外，这类图书馆员总是希望每一个个体平稳地向前发展，不过于急进，因为在他们看来基础训练有助于今后攀上顶峰。持有这类观念的图书馆员始终坚信，有一定数量的书可以称之为世界上最伟大的文字遗珍（the world's greatest literary mon-

uments）。例如，埃德蒙·斯宾塞（Edmund Spenser）[①] 的作品被全世界公认为英语世界杰出的经典作品，按照这种观点在这些图书馆员看来，图书馆工作的目标之一也许可以定义为劝说大部分的读者阅读斯宾塞的《仙后》（*The Faerie Queene*）。

然而，如果一个图书馆员持有一种进化的文献史观，他会以一种相对不同的视角来看待图书馆工作的职责。对于这类图书馆员而言，任何一份文献的价值都是基于它在历史进程中的意义，所谓的"卓越"也只是相对的。不管身处何处，当这种类型的图书馆员被要求制定一种阅读方案时，他有可能会优先选择那些在文献发展史上最具影响力的作品。因此，他也许会认为《胡迪布

① 埃德蒙·斯宾塞（Edmund Spenser，1552—1599），英国文艺复兴时期的伟大诗人。其代表作有《仙后》（*The Faerie Queene*）、《牧人月历》（*The Shepheardes Calendar*）、《小爱神》（*Amoretti*）、《婚曲》（*Epithalamion*）等。——译者注

拉斯》(*Hudibras*)[①] 比斯宾塞的诗歌更重要。这类图书馆员对于现代书籍也会有一个过度的价值标准，因为对进化观念的强调，他会趋向于将现代图书都假设成那些最杰出作品出现之前的图书。

最后，那些将文献看做是持续作用的文明的一种附属的图书馆员，对于图书馆职责会有第三种看法。在这类图书馆员看来，他们的任务似乎就是为读者寻找与其智识情况最接近的图书。这类图书馆员会相当自信地将阅读定义为大脑中已经出现的一种兴趣的满足。当这类图书馆员被问起斯宾塞时，他也许更倾向向读者推荐描述斯宾塞写作的书而不是斯宾塞原始著作。对于他们而言，《仙后》的伟大之处，不是因为已经达到了文学完美的绝对高度（absolute literary perfection），或是这首诗在英语发展史中的意义；

---

① 《胡迪布拉斯》，又译作《休迪布拉斯》，是英国著名诗人萨缪尔·巴特勒（Samuel Bulter）撰写的一部以英国内战（1642—1651）为背景的英雄叙事诗歌。——译者注

而是因为这首诗表达了人类对于美的永恒追求，这首诗的声音、意义、韵律以及旋律符号的完美组合在某种程度上似乎提升了生活的品质。确实有这种可能：一位缺少批判力的读者阅读阐释斯宾塞诗歌内容的书，很可能比阅读斯宾塞诗歌原著更容易理解上述这些内容。

上述所提到的文献历史的研究，都只是针对那些具有美学价值的作品，而在这一取向下的研究已经做得非常细，虽说没有讨论到每一个国家的伟大作品，但是至少某些时期的一小部分伟大作家的作品都已经被研究过了。与此同时，这一类的研究已经将研究视角拓展至考察不同领域之间文献的关系，甚至是各个国家每一种语言、每一个时期的文献的主要发展趋势。

三

对作为记录事实性知识文献的研究与对作为审美知识文献的研究经历类似，不过程度稍微轻一点。作为事实性知识的书籍的历史其实就是科学的历史。不过，对于这类文献的研究此处只涉及两种历史理论。大多数作家在主观上都持有一种看法，就是在创作中要和经典保持高度一致，为此凡涉及经典著作中的观点时都会使用详细的参考文献以表明符合绝对的标准。这种标准对于事实性知识而言就是真理，就像对于美学作品而言其标准就是文学美德。对于那些事后证明是错误的每一个凭空发现，科学史家在他们的著作中基本不会提及，即使提及也只是顺带点一下，不会做过多论述。而对那些以阐释他人理论而出名的杰出的阐释者（expounders），这些科学史家也会表现出一种轻蔑之情，因为在他们看来这些阐释者缺乏原创力（originality）。科学史家的基本兴趣虽然是追求绝对真理的永恒在场（eternal present of absolute truth），但通常而言，相较于那些古典主义者他们对于文献发展史了解得更为深刻。

与上述这类科学史家相对照，还有一小部分科学史家，持的是一种纯进化论史观。他们认为，人类追求事实性知识中有一个错误的取向，对那些已经消逝的知识关注不多。而这类科学视角，就像古生物学家对一种灭绝的物种感兴趣一样，对消逝的事实性知识非常感兴趣。他们努力去了解这些消失物种所处的时代条件以及此后时代条件的变化如何使他们灭绝的。持进化论史观的科学史家就像卢克莱修（Lucretius）的原子说[①]、居维叶（Cuvier）想象出的非常重要的力量[②]以及维多利亚时代化学家对不可变元素的信

---

① 即提图斯·卢克莱修·卡鲁斯（Titus Lucretius Carus，约前99—约前55年），罗马共和国末期的诗人和哲学家，他继承了古代原子学说，认为物质的存在是永恒的，反对神创论，认为宇宙是无限的，有其自然发展的过程，人们只要懂得了自然现象发生的真正原因，宗教偏见便可消失。承认世界的可知性，认为感觉是事物流射出来的影像作用于人的感官的结果，是一切认识的基础和来源，驳斥了怀疑论。认为幸福在于摆脱对神和死亡的恐惧，得到精神的安宁和心情的恬静。著有哲学长诗《物性论》（*De Rerum Natura*）。——译者注

② 即乔治·居维叶（Georges Cuvier，1769—1832），法国动物学家、地质学家，比较解剖学和古生物学的奠基人。他提出了“器官相关法则”，认为动物的身体是一个统一的整体，身体各部分结构都有相应的联系。同时提出了物种（及种上类群）自然绝灭的概念，并论证了现存种类与绝灭种类之间在形态上和“亲缘”上的相互联系，在客观上为生物进化论提供了科学的证据。——译者注

仰一样，认为任何假说都必须有据可依。

不管是哪一种史观，科学史研究的任务正如其名，就是研究科学的历史。科学史的研究关注社会记忆的起源，因为在与社会记忆有关的部分客观现象中包含着观察、解释、评价等科学行为。科学史研究的基本目的是为了解释事实性知识的存在。很明显，图书馆员的历史认知在一定程度上决定了图书馆员工作实践。图书馆员是否将事实性图书放在他的图书馆，如何排列、编目，以及如何向读者推荐，这些依据都是基于图书馆员所做的这些书对于当下文化贡献的判断。因此，图书馆员是以客观的标准来理解真理，还是以近似客观的标准来理解，对最后图书馆工作影响非常大。

图书馆员的历史兴趣主要集中在最近发生的一些与事实性知识有关的事件。图书馆员第一个要研究的不是向读者证明科学公告的真假与否，也不是帮助读者发现新的事实。他首先必须以文化保管员（archivist of culture）的身份帮助读者找到他们所需的任何存在于图书馆目录中的书籍。如果图书馆员还能成为临时的老师（informal teacher），他将更被社会所认可。不管什么时候，图书馆员要愿意并且能够成为研究人员的助手。但是，这些都不是图书馆员的基本义务。图书馆员的主要任务还是为他所在社区收集对社会福祉有重要作用的各种文字记录，并通过他所在单位合适的机构及管理部门最大限度地开发这些资源，以实现其价值。为了很好地实现这一目标，图书馆员必须经常使用其科学历史知识，尤其是科学发展史的知识。

从社会积累知识中萌发的教育史虽然已经成为一个科目（subject），但是图书馆员很少与其发生联系。每一个时代的学校的情况，通常都可以从图书馆工作中反映出。不管什么时候，只要学校教学方法或课程内容上有激进的改革，图书馆工作一定会进行相应的调整。一方面，成人会努力通过阅读从书中获得经验以适应新的学术标准。与此同时，正在成长的这一代走进图书馆时不仅具备了一些新的能力，同时也带来了许多新的需求。例如，在健在的图书馆员的记忆里，学校课程中拉丁与希腊研究的减少，就导致此前图书馆收藏的大量有关文献在图书馆中的地位骤降。

四

除了上述提到的作为审美、事实性知识以及与教育有关的知识历史外，还有第四种形式，这种形式的知识的传播对于图书馆事业意义最为重大。由于缺少一个好的术语，我们暂且称为学术文献史（literary history of scholarship），也欢迎各位专家学者对这一命名进行批评指正。学术（scholarship）一词现在基本上只用作“高等学习（advanced learning）”意义，该词比较原始的意义是文学地位（literary status）。当下使用的scholarship一词的含义也是因为在文化中没有其他合适的能够表达相同含义的词可以使用。如今有一部分人喜欢将“学术”表述成“思想的传播（currency of ideas）”，不过这个词对于个人使用而言并没有什么变化。思想史其实就是被哲学史占领的术语史。然而，哲学史术语占领思想史领域这一现象本身的情况还必须通过图书馆事业来考量。

仅依据教育经历，是不能反映一位成年人的思想情况的。每一个个体的情况都是瞬息万变的，有些即使在学校受教育期间一直存在的东西，毕业后都会发生改变。每一个人也许会将他曾经在课程中学到的内容一直牢记于心，但是真正在精神生活中却很少使用这些内容。此外，有些人也许在学校期间几乎没有学习某一课程，但是在思想活动中却用到了非常多与该课程有关的内容。其实每一个成年人脑中的知识不少都是从课堂之外获得的。不管是直接的学习还是间接地通过阅读学习，都能使一个人获得相关的知识。每一个个体的知识经历都会在其脑中留下影响，有些影响非常短暂，瞬间便消逝了，有些影响则持续时间非常长，甚至能持续终生，所有这些知识经历留下来的影响估计可以称之为一个人的学识（scholarship）。

社会不同个体成员之间的“学识”差距非常大。一个极端是教育水平非常低下的地区的民众，这些民众的知识主要是由一些传统的不正确的知识构成的，他们的精神活动基本也局限于对某一具体事件的认知。另一个极端是受过非常好的教育的人，这部分人的精神活动因为他们的知识变得非常活跃。比较上述两种人的思想活力及精确程度，会发现无知者的精神活动就像一位笨拙的小孩一样。当然，上述这两种人的情况也都可以通过学识程度（levels of scholarship）来解释。

基于上文所述，那么“scholarship”一词包括的各种现象对于图书馆事业的发展也会有重要的影响。一个社区的学识程度决定了这个地区图书馆的性质。任何特定组织的学识都会决定图书馆为他们提供的服务。任何个体的学识会影响个人的阅读范围及质量。但是这些社会团体中的每一个个体的学识特性都是他们所经历的精神事件的产物，这些事件必然只有通过历史才能解释。

要想弄清影响民众学识形成的非学校因素，也许只能从具体的实例中说明。在过去的二十年，至少是受过教育的部分上层美国民众在许多事务中已经接受了涉及他们理想生活基础的新的学术类型。具体而言，心理学理论已经完全融入进他们的习惯观念与想法之中了。像詹姆斯（James）①、闵斯特伯格（Münsterberg）②、桑代克（Thorndike）③ 认为的“精神活动与神经系统的哲学密切相关”的观点如今也被民众所信服，而以前只有专业群体认可这些观点。民众意识的

---

① 即威廉·詹姆斯（William James，1842—1910），美国心理学之父。美国本土第一位哲学家和心理学家，也是教育学家，实用主义的倡导者，美国机能主义心理学派创始人之一，也是美国最早的实验心理学家之一。——译者注

② 即雨果·闵斯特伯格（Hugo Münsterberg，1863—1916），出生于德国，后移居美国，著名心理学家，是工业心理学的主要创始人，被称为工业心理学之父。——译者注

③ 即爱德华·桑代克（Edward Thorndike，1874—1949），美国著名心理学家，动物心理学的开创者，心理学联结主义的建立者和教育心理学体系的创始人。他提出了一系列学习的定律，包括练习律和效果律等。——译者注

改变也许很大程度上是学校教育的产物，由于在相对较早的一段时期，学校将正式的心理学研究引入高等课程，使得民众对于心理学学识的认知逐渐发生改变。民众对心理学学识的第二次转变却不像上述这样自然。在20世纪的第二个十年，西格蒙德·弗洛伊德（Sigmund Freud）[①] 及其门徒的大量论著的出版，吸引了大批读者阅读。此前心理分析理论从未被正统学术所接受，也很少有学校会对此理论进行宣传，不过现在这一情况已经大为改善，但是先前对心理分析鄙夷的残余至今仍有影响，且依旧是一股不可小觑的力量。在美国，弗洛伊德极端的性欲论看似被抵制，但是该理论一些附属的观念还是被当下美国学界所吸收。如今大多数人都已经相信弗洛伊德的学说了，他们坚信他们的观念及行为是由潜意识所决定的；他们确信那些没有得到满足的需求会伪装

① 西格蒙德·弗洛伊德（Sigmund Freud，1856—1939），知名医师、精神分析学家，精神分析学的创始人，被世人誉为“精神分析之父”，代表作有《梦的解析》、《精神分析引论》等。——译者注

自己以确保实现一些象征性的满足；他们会使用如今已广泛流行的“自卑感（inferiority complex）”观念术语来解释人的性情。上述这些都已经被完整地整合进现代人的心理之中，而这些对艺术、文献都产生了重要影响。当下精神生活的所有片断除非用弗洛伊德的学说，不然是很难理解的。

上述论及的民众对于心理学理论学识的转变过程其实与其他领域一些革命性运动是并行的。当下很少有人会接受他们祖辈关于宗教、政治、伦理的观念。任何学术政令的基本修改，都会导致这类转变无法发生。这类转变是一种潜在力量的产物，这种力量源自印刷的书籍。这一点在当今生活中是显而易见的。当进化论还是一种新的学说时，通过没能在学校教科书学习这种理论的一代人的努力，这种学说迅速占据整个欧洲。同样，在早期的英语国家，各民族采用了新的社会公正理论，导致了奴隶制的废除，在此之前，就像在美国殖民地，民众对政治组织学识的增加为他们实现了独立。印刷术发明后的六十年，公众思想及观念得到了非常大的改变，这些改变也是推动宗教改革（Protestant Reformation）的因素之一。印刷出版机制建立以来，每一代的思想家都可以将他们的思想通过“印刷”直接向大众传播。印刷术的确给现代文化带来了对新观念容易敏感的特质。众所周知，有组织的社会机构是比较保守的，对于传统标准也比较固执。如果民众的学识只能从学校、教堂、讲坛获得，那么文明发展步伐将比现在慢许多。目前情况下，出版社大多为思想创新作品设置了奖金，从某种程度而言，今天的创新者比以往任何时候都了解社会心态。

当然，所有这些对于图书馆员而言都具有特定的意义。图书馆员肯定不会简单地认为他的读者只有那些需要图书馆帮助完成课业的学生们，除了学生，成年读者数量更多。其实，图书馆员也是他所在社区的成员之一，他的思想生活也是社会化的，他同样会参与其他人参与的一些活动。不管图书馆员是否会阅读或者阅读多少他同时期有影响力作家的作品，他都会深深地被这些作家的作品所影响。

奇怪的是，这些有影响力的作品往往并不能影响作家自己。并不是所有的伟大作品都能开创文学或知识的新纪元，也并不是所有伟大作品都能广泛流行。这些伟大作品总是通过中间人（intermediate agents）影响人类思想。事实也表明，一些不是那么具有创新思想的人在展示自己方面做得反而比那些确实拥有诸多新思想新观念的人好。一种思想要成为社会主流思想，毫无疑问，这种思想必须包装成当代的思想。一种能够从一般思想中脱颖而出的、善于发现新的真理的独立思想，其在表述模式上肯定是具有原创性的。不容否认，真正具有原创性的图书大多都是非常晦涩难懂的。具有洞察力的人通常都是善于发现的观察者，他们一旦有创新性的想法，在大众能理解这些想法之前，他们肯定会对这些想法进行适当的语言组织，以便叙述时大众能理解，这是一个持续的过程。总之，（任何文化中永恒蕴含的那些元素，如果要想焕发新的活力，必须借助每一个时期的创作者用这一时期的方式表述出来，只有这样这些文化元素才能为民众所理解。）这一点也可以为大多数新创作的图书所借鉴，以表明其对社会价值的意义。此外，这也很好地驳斥了那些认为不停地复制已有的事实、思想、观念是没有必要的甚至无效的荒谬看法。每一代人，甚至是每个十年变化都非常大，因此，如果文化的传递机制还在继续，那么必须重新书写所继承的文化。二十年前首版的旧书对于当下的思维习惯来说已经过于陈旧和陌生了，这种陈旧与陌生感较之中世纪后期的读者对于公元一、二世纪旧书产生的陈旧与陌生感更甚。

上述也表明图书馆应该充分利用那些缺乏原始天赋作者撰写的生命周期短暂的图书。这些缺乏天赋的作者只能看做是二流作者，因为他们只会重述（restate），不会创造（create），缺少对社会重要内容的观察。如果他们某一瞬间能跻身于一流作者行列的话，也只是因为他们是流行知识的传播者（bearers of intellectual contagions）。图书馆员的职责就是趁着这些缺乏原创天赋作者的书还“活着”的时候抓紧时间利用他们。要做到这一点，图书馆员必须以历史学家的公正来观察当代学术发展中的每一个重要事件，但是图书馆员的具体工作与文献历史学家还是有所区别。图书馆员不会关心文献为何成为文献或知识缘何成为知识，他的首要兴趣是当下如何利用这些文献和知识。一本书的图书馆价值（library value）由该书真正的知名度（popularity）、质量（quality）以及对于使用该书的人的思想影响（influence）决定。

作为需要了解纯文学史及学术史这两个历史学科的图书馆员，要使用一些具体的工作方法，其中一种方法是属于图书馆员自身的，即目录学的一种特别方法。通过几代人的阅读实践，一种以简洁形式记录书本中本质特征的系统逐渐形成，这种方法的作用已经被广泛的实践所证实，但遗憾的是，关于这种方法的价值原则的讨论还很少。由于这种方法经常在图书馆专业领域讨论，图书馆界侧重于实践的风格阻止了相应理论的诞生。图书馆界的注意力主要集中在目录学方法的流程而不是目录学方法的功用。一位目录工作者永远清楚地知道如何编撰目录，但是对于他为什么要做这项工作却不是很了解。

书目与图书历史的关系正如年表与其他任何社会活动历史的关系一样。书目是对确定的重要事实的简单、透彻的概括，而它的便利性及效用决定了他者对于书目的评价。但是，如果书目中出现了错误，那么该书目不仅失去了价值而且贻害无穷。历史上发生的事件而不是其记录对于人类发展有着重要的意义。仅仅对于图书数量的记载及描述也许就是一项重要的精神活动（mental activity），不过根据精神活动这一术语的普遍意义来说，这项活动并不是知识性的（intellectual）。速记的内容在变成明白易懂之前必须不断地扩展。图书馆的书目记录也只是图书馆馆藏的一个清单而已。图书馆员如果没有明确的历史知识，知道书目上这些简单的款目所代表的内容，那么他肯定不能很好地为民众展开服务。

第五章
实践思考

对于一个自愿献身某种职业的人来说，向他提出其职业实践价值的问题似乎是对他的一种亵渎，这就像评论一位艺术家、音乐家或者哲学家他们工作的社会价值一样，是非常不礼貌的行为。即使是对某人职业活动某些方面的价值表示赞赏，这同样也有可能冒犯他们，因为这暗示了某些方面是没有价值的。科学家同样有相似的态度，对于他们而言，任何扩展系统化的人类知识行为都能证明其职业的社会价值。然而对于一个外行人而言，在其内心深处却是非常有兴趣去了解职业社会价值这一问题的。因此，在对图书馆学进行一般性的讨论时，如果我们将注意力短暂地转移到图书馆学可能带来的效益也是合情合理的。

二

图书馆事业中如果引入专业的哲学，那么图书馆工作的目的将更加明确、直接。当然，是将图书馆这种公共机构作为必要、常规的社会元素，还是将其作为少数人的额外善举，会给社会福祉带来很大的不同。按照前者观点，图书馆服务可以被视为一种显而易见的责任；而按照后者观点来看，图书馆服务也许很容易堕落为官僚主义的偏好。同样，是将图书馆作为公共教育机制中不可缺少的一部分，还是作为优雅生活的附属补充，对图书馆的发展也会带来很大的不同。如果是前者，那么图书馆经费很容易赢得公众的支持；如果是后者，图书馆经费将视少数人的慷慨程度而定。图书馆员是被当做公职人员（public official）还是仅仅为满足需求的保管员（holder）

看待同样差别很大。如果是前者，图书馆员的选择必须考察其专业教育、经验以及工作效率；如果是后者，甄选图书馆员只需从感情层面或者个人义务层面考察。对一个正在为其职业选择犹豫不决的年轻人而言，在他心目中图书馆事业是一种专业（profession）还是一种职业（occupation），将对他的选择产生很大的影响。学校将图书馆学专业学生的未来活动看做是一种公众信任（public trust）的管理（administration）还是日常程序（routine procedure）的监督（supervision），同样会对图书馆员职业训练质量产生很大的影响。还可以列出很多其他因为不同观念导致不同结果的例子，但是无需长篇大论，就能使认真考虑过这个问题的人相信，对图书馆社会理论的理解有助于图书馆事业的成功管理。

精确的心理学知识的实践价值也许并不明显。人们似乎这样认为，由于每个图书馆员本身就是读者，所以他记忆中的经历，应该对理解其他读者的困惑有重要的指导作用。这其实是不正确的。一个人作为学生的同时并不要求他能作为老师；政治生活中长期丰富的受益及失势经历本身并不能产生政治家。读者读书时的注意力都被书吸引，他几乎不会在阅读过程中观察自己。

不仅如此，每一个人阅读偏好、阅读动机、阅读方法以及他从阅读中获得的受益，也是不一样的。每个人都是自身及自身知识经历混合而成的产物。利用自身的各种感受作为标准来评价他人的能力、需求、理想和期望就好像一个人凭着自己的感觉来判断其身体健康状况一样，可以说都是愚蠢的行为。任何一个把社会中其他人看做是自我个性复制品的人通常都会生活在无尽的心智混乱中：他会因同事没有按照他一样工作而与同事不停地争吵；他会把同事的愚昧或乖张归咎于背离他的标准；他不会认为别人是正确的，因为别人的想法或行动都与他的不一样。如果一个人现在与过去确实不一样，除非他自己意识到了哪里不一样，不然，对于人性，没人能做到同情之理解。一个人只有在没有先入为主的观念下观察他人的行为，才会想象自己与他人的不同。

像阅读这类非常个性化的行为，上述这些考虑绝对是非常重要的。图书馆不是宣传那些已经确定的永远正确的真理的任务站。图书馆员的职责不是怂恿人类，不是要他人与他们的意愿背道而驰，也不是说服他人完全遵照图书馆员的想法。图书馆员仅仅是社会文化记录的保管人。图书馆员的任务就是尽其最大的努力开发这些文化记录，以供民众使用。因此，对于任何个体读者，图书馆服务的主要内容是帮助这些读者以一种有效的方法实现其个人的目标，只要这种目标不是反社会的（anti-social）；同时还要防止读者将精力浪费在对于其当前愿望无意义的活动中去。对于所有涉及个人动机及个人精神活动的事，我们都必须持一种同情之理解的态度。高效的图书馆事业从很大程度上来说是一种精确的心理诊断（accurate psychological diagnosis）。

图书馆员工作所表现出的一个普遍现象就是对他们所保管的书的崇拜。图书馆员开发图书以供民众使用的效率取决于图书馆员对于书的了解。从头到尾阅读图书馆馆藏的大部分作品，了解这些作品的内容，很明显这项工作对于任何一个人而言都是不可能做到的。在一年的时间里，即使是最勤勉的读者几乎也不可能阅读超过 200 卷的图书。按照这种速度，一个人终其一生大概也只能阅读 10 000 本图书。而与此相对的是，世界上就单卷本图书而言就有 850 万册。图书馆员必须通过他的专业技能致力于理解（learn about）图书而不是知道（know）图书。图书馆员基本的研究就是对目录学史的研究，正如我们前面所讨论的，这包括对文献史、科学史以及这两者在当下学术史中的复合功效的研究。图书馆员从这些研究中所收获的多少在相当大的程度上取决于他阅读浓缩了历史的书目附表（tabulations）的技巧。图书馆员不仅要学习社会学、心理学，还要学习历史学。

二

图书馆学的发展，相较于能够明确专业目标所带来的好处，人们更多的是期待其对于图书馆专业实践的作用。图书馆学的发展将有助于理论框架的建立，缺少理论框架的图书馆学知识内容是不可能得到有效扩展的。现代人对科学的认知呈现出两种不同的特征：一是相信自己拥有的科学知识是极为有用的；二是同样乐观地认为，这种知识及其价值是以相同的速率无限增长的。他也许会对一些具体调查中的无用的内容吹毛求疵，但是他对于研究的信念是坚定不移的。然而，尽管有这种信念的力量，但是他仍然具备科学探索方法的概念，而这些却经常被弄错。某个人在翻阅几乎所有的图书馆学期刊时，可能会猜测，对图书馆学研究的要求常常隐含着一种假设，即图书馆学研究除了时间和勤奋之外，再无其他要求。事实上，没有理论假设，就没有科学研究。化学家不会随机将一些物质混合在一起以期有什么发现；生物学家不会把手头的一个活着的有机体随手插入显微镜下；教师上课时不会冲进离他最近的那个教室；社会学家做犯罪研究时也不会随便就走进最近的那所监狱。当上述这些人在做科学的观察前，他们肯定是经过深思熟虑的。有序的实验肯定是在假设形成之后再做，不会在假设形成之前做。

目前的科学研究中包含很多掩盖真正本质的因素。最明显的因素也许蕴藏在被大众称为科学的大多数活动中，其中很显著的一部分仅仅是教学技巧。对于每一个致力于研究的实验室而言，其目标很多，但首要的就是让学生了解直接的知识现象以及让学生建立科学的程序习惯。这一点对于那些较高学位候选人所从事的许多调查研究而言同样是正确的。学生自己对某些领域知之甚少，还不可能发现一些重要问题；而面对一长串有同样问题的学生，教师则疲于应付，他的想象力也不足以在当时就找到给每个学生去思考的问题。确实，在某些领域即使工作了很长时间，也不大可能发现一个前人没有做过的学位论文主题。毕竟，很多学位候选人及其导师的兴趣都集中在研究方法上，而这种研究的大部分成果都是肤浅的，因为这些研究仅仅是收集了一些明显的事实，并使用了一些华丽的科学手段和技术术语对这些事实进行讨论，而面对这些研究成果，人们既不会感到吃惊也不会感到可叹。

幸运的是，科学的发展并不依靠这些支持。科学的持续进步并不是靠其众多“信徒”的美德，只有那些考虑自己探索目标的普遍意义的人才会有助于科学的发展，况且，科学理论是科学进步的前提。但是，不幸的是，对于初学者以及外行人而言，最引人注目的往往印象最为深刻。由于大量从事科学研究的人在忙于计算、权衡和评估事物本身的细节，一个新的研究领域开拓后似乎只需研究人员在新领域内重复这些计算、评估等活动。然而，肯定的是，在观察变为科学之前，一定存在着科学，至少它以理论假说的形式存在。这一点在图书馆学领域也很明显。搜索者在没有决定要搜索什么之前是不存在搜索的，而这种搜索肯定是有其科学价值的。

三

期待图书馆学发展带来的第三个可能的好处是带来区分各种专业活动的方法。此前，图书馆学领域并没有这类区分方法，如今这一情况得到了改变，不过目前出现的区分方法主要是源于实践活动的区别而不是理论和原理的进步。因此，这也许会使人回想起这一专业诞生时的情况。一个外行人也许无法理解图书馆学某些特定领域普遍存在的混乱，如果要想理解，他可以为自己设想一种画面：医学领域无法区分医生、护士和医院勤杂人员时的场景。医生、护士、医院勤杂人员三个人中没有一个会认为自己有能力很好地履行另外两人的职责。即使是医生，在三种职业之中他的职业训练是最为艰辛的，虽然，他对另外两种职业也很了解，但是真要让他去从事另外两种职业时，他肯定也会显得笨拙、低效。然而，图书馆员职业往往却是在几乎没有考虑专业知识、智慧及个性的情况下就随意任命、提升。我们已经不止一次遇到这样的情况：一位成功获得图书馆职位的求职者，其获得图书馆职位的原因是他不能胜任图书馆职业以外的其他职位，而不是因为他的资质（qualification）。虽然图书馆工作中专业型的（professional）、技术型的（technical）以及事务型的（clerical）差别很明显，但是在实际中却很少区分。一位专业的图书馆员必须掌握能帮他发现社会复杂图书馆需求（library needs）的科学的、普遍的知识。专业型图书馆员首要关心的是图书馆的社会效用。技术型图书馆员必须是经过职业化的训练，能够操控图书馆内的各种装置以有效地实现图书馆的既定目标。技术型图书馆员首要关注的是内部机构效率。事务型的图书馆员需要掌握某项具体流程的操作技巧，他只需关注他桌上需要他完成的各种操作。有些人非常聪明，他们不需要其他的指导，只需依靠基于对自身经验深入思考进行的自我学习

(self education) 就能顺利地从最狭窄的工作领域上升到较宽泛的工作领域，不过，这种人毕竟是极少数的。由于目前还没有真正的区分方法，因此有时仍然需要从技术型图书馆员中选拔专业型图书馆员。这就有点像我们没有准确的方法去任命医生及非常有天赋的护士担任办公室工作，但是就这两者之间，选择护士担任办公室工作的方法显然还是比养成医生的方法更为可靠。

此处，以医学为个案进行说明。在医学领域，根据能力及天赋对这一专业科学进行分级，这一分级并不仅仅是训练时间的分级。医学本身已经发展到仅靠勤奋和遵循教科书内容是无法理解的阶段，对知识能力要求较高。为保证医学实践的权威信用，对医学从业者提出的知识要求成为一道门槛，将大多数缺乏一定禀赋资质的人拒之门外。在当下这种社会混乱与徒劳 (social confusion and futility) 的状态下，医学领域的这些实践对于医学而言无疑是非常幸运的。因此，相较于其他专业领域，医生职业中出现从业者与职位不适合的比例非常少，而出现的一些“坏”医生，所谓的“坏”，很少是因为他们的愚昧（stupid），更多是由于内心的邪恶（wicked）而导致的。

在短期内，图书馆学没有希望发展成一门专业的科学（professional science），同样，短期内也不可能有效地从招聘的职员中选出那些确有能力胜任图书馆专业领导的人。不过，图书馆学离这个目标已经越来越近了。当然，当图书馆学的专业知识得到概括以及系统化之后，图书馆学将第一次能够区分哪些人适合做有效的研究工作，而哪些人明显不适合。如果图书馆事业中更为紧迫的问题得以解决，那么除了计算，甚至是计算概率误差的能力之外更要求许多其他能力。

四

图书馆学的发展可能还会带来的好处就是（这也是我们在这里讨论的最后一点）为图书馆事业建立某种专业联合组织（professional unity）。

就这一点而言，相较以往，当下图书馆专业组织建设也取得了显著的进展。但是，遗憾的是，目前组织建设主要是为了满足提升图书馆实务工作的需求，缺少明确的原则构想。因此，至今为止，全国性的项目似乎很少得到各单位的支持。就好比社会需求是靠单一的机构来衡量，图书馆首先被看做是管理读者个体服务的机构。而图书馆与其他教育机构的合作也常常被认为只是个别图书馆的自愿行动。普通图书馆员的机构忠诚度是非常惊人的。服务大型社区的许多图书馆，缺少合作及忽略彼此导致设备及业务的重复，由此付出的高昂的代价着实令人苦恼。很明显人们几乎还没有认真考虑过应该为哪些人口聚集区提供统一的图书馆服务。一个独立的图书馆要想成为有组织的系统中的一部分，那么不仅需要将所有的图书汇聚在一起，还需要共同承担各种具体的职能，然而，在现在看来这是一个乌托邦式的梦想。只有图书馆界将自己的注意力从注重图书馆的流程转移到注重图书馆的职能时，上述的想法才能实现。而当这些想法真正实现时，各种图书馆事业现象就可以真正从图书馆学的角度来考察了。

附录
巴特勒论著系年

按：本系年主体参考《图书馆季刊》（*The Library Quarterly*）1952 年第 3 期《皮尔斯·巴特勒论著目录》（*Bibliography of Pierce Butler*），该目录时间截止日期是 1952 年，译者又增补了巴特勒 1953 年去世前发表的一些论著，或许还有遗漏。此外，为了展现巴特勒论著的原貌以及便于读者检索起见，这些论著皆以英文的方式呈现，著录时也是遵循西方的著录习惯，未作改变，特此说明。

1919

Check List of Incunabula in the Newberry Library. Chicago: Newberry Library, 1919.

1921

"Church History and Psychology of Religion," *American Journal of Psychology*, XXXII (October, 1921), 543-51.

Dante: A Select List of Books Prepared in Connection with an Exhibit. Compiled by PIERCE BUTLER. Chicago: Newberry Library, 1921. pp. 11.

"A Typographical Library," *Papers of the Bibliographical Society of America*, XV, Part II (1921), 73-87.

1922

"Bibliography and Scholarship," *Papers of the Bibliographical Society of America*, XVI, Part I (1922), 53-63.

1924

Check List of Books Printed during the Fifteenth Century. Compiled by PIERCE BUTLER. Chicago: Newberry Library, 1924. pp. 192.

1925

The First Fifty Years of the Printed Book, 1450-1500: *Notes*

Descriptive of an Exhibition. Compiled by PIERCE BUTLER. Chicago: Newberry Library, 1925. pp. 17.

1927

"Extending the Active Life of Books," *Publishers' Weekly*, CXI (April 2, 1927), 1399-1401.

"Incunabula Markets of Europe," *Publishers' Weekly*, March 5, 1927, pp. 1-5.

"The Library, a Laboratory or a Ware- house?" *Illinois Libraries*, IX (October, 1927), 49-52.

The Petition of Aldus Manutius to the Venetian Senate on the Seventeenth of October, 1502, *Imploring Legal Protection for His Types against Base Imitations of False Counterfeiters*. Translated by PIERCE BUTLER. ("Keep- sake," No. 24.) Chicago: American Institute of Graphic Arts, 1927. pp. 7.

1928

The Last Will and Testament of the Late Nicolas Jenson. Translated by PIERCE BUTLER. Chicago: Ludlow Typograph Co., 1928. pp. 15.

1930

Virgil: An Exhibition of Early Editions and Facsimiles of Manuscripts. Compiled by PIERCE BUTLER. Chicago: Newberry Library, 1930.

The Vollbehr Collection. By DR. ERNST SCHULZ. Translated by DR. POWELL SPRING. Foreword by PIERCE BUTLER. Mount Vernon, N. Y.: William Edwin Rudge, 1930.

1931

"The Dentition of Equus Donatus," *Library Quarterly*, I (April, 1931), 204–11.

"The Way to Wealth for Indigent Bookmen," *The Colophon*, Part V, No. 2 (1931).

Review of *The Book-Collector's Quarterly*, No. 4 (October, 1931), *Library Quarterly*, II (April, 1932), 172–73.

Review of *British Museum Catalogue of Books Printed in the Fifteenth Century*, Part VI, *ibid.*, I (January, 1931), 116– 17.

Review of *Gesamikatalog der Wiegendruke*, Vol. IV, *ibid*

Review of *Gutenberg Jahrbuch*, 1930, ed. A. Ruppel, *ibid.*

Review of *Gutenberg Jahrbuch*, 1931, ed. A. Ruppel, *ibid.*, II

(January, 1932), 85–87.

Review of *Materials for the Life of Shakespeare*, comp. [Dean] PIERCE BUTLER, *ibid.*, I(April, 1931), 229–30.

Review of *The Mirror of the Parisian Bibliophile*, by ALFRED BONNARDOT; trans. THEODORE WESLEY KOCH, *ibid.*, July, 1931, pp. 371–72.

Review of *The Organization of Knowledge and the System of the Sciences*, by HENRY EVELYN BLISS, *ibid.*, January, 1931, pp. 92–94.

Review of *Papers of the Bibliographical Society of America*, Vol. XXIV, Parts I and II, *ibid.*, October, 1931, pp. 498– 99.

Review of *Prices of Incunabula*, by MAX SANDER, *ibid.*, January, 1931, pp. 116–17.

Review of *The Student's History of Printing*, by MERRITT WAY HAYNES, *Library Quarterly*, July, 1931, pp. 360–61.

Review of *Die Typen der Inkunabelzeit*, by ERNST CONSENTIUS, *ibid.*, January, 1931, pp. 116–17.

Review of *Vergiliana*, comp. and ed. JOHN WILLIAM SPAETH, JR., *ibid.*, April, 1931, pp. 230–31.

1932

Review of *Censorship and the Public Library, with Other Papers*, by GEORGE F. BOWERMAN, *Library Quarterly*, II (April, 1932), 168–69.

Review of *A Chart of the History of Printing in Europe*, by R. T. AITCHISON, *ibid.*, January, 1932, pp. 85–87.

Review of *Editiones saeculi XV pleraeque bibliographis ignotae*, by THOMAS ACCURTI, *ibid.*

Review of *Handbuch der Bibliothekswissenschaft*, ed. FRITZ MILKAU, *ibid.*

Review of *The Huntington Library Bulletin*, No. 1, *ibid.*

Review of *The Huntington Library Bulletin*, No. 2, *ibid.*, April, 1932, pp. 171–72.

Review of *Incunabula and Americana* (1450–1800), by MARGARET BINGHAM STILLWELL, *ibid.*, January, 1932, pp. 85–87.

Review of *Incunabula medica in the Huntington Library*, comp. HERMAN RALPH MEAD, *ibid.*

Review of *Jahrbuch der deutschen Bibliotheken*, Jahrgang 21–22, *ibid.*, April, 1932, pp. 167–68.

Review of *Some Noteworthy Firsts in Europe during the Fifteenth Century*, by E. MIRIAM LONE, *ibid.*, January, 1932, pp. 85–87.

1933

A Check List of Fifteenth Century Books in the Newberry Library and in Other Libraries of Chicago. Compiled by PIERCE BUTLER. Chicago: Newberry Library, 1933. Pp. xxiv+362.

"College Students' Reading," *Bulletin of the American Association of American Colleges*, XIX, No. 3 (November, 1933), 337–45.

"Fifteenth Century Editions of Arabic Authors in Latin Translation," in *The MacDonald Presentation Volume*, ed. WILLIAM G. SHELLABEAR and OTHERS. Princeton: Princeton University Press, 1933.

An Introduction to Library Science. Chicago: University of Chicago Press, 1933. Pp. xvi+118.

Review of *Introduction to the History of Science*, by GEORGE SARTON, *Library Quarterly*, III (January, 1933), 123–24.

Review of *Philobiblion: Zeitschrift fur Biicherliebhaber*, Jahrgang VI, Heft 5, *ibid.*, July, 1933, pp. 325–26.

Review of *The Rockefeller McCormick New Testament*, ed. EDGAR J. GOODSPEED et al., *ibid.*, April, 1933, pp. 208–12.

1934

"James Christian Meinich Hanson," *Library Quarterly*, IV (April, 1934), 127–30.

1935

"A Moral Philosophy for Catalogers," *Catholic Library World*, VI, No. 7 (March 15, 1935), 55–57.

Review of *Materials for a Life of Jacopo da Varagine*, by ERNEST CUSHING RICHARDSON, *Library Quarterly*, V (July, 1935), 351–52.

Review of *Some Aspects of Co-operative Cataloging*, by ERNEST CUSHING RICH- ARDSON, *ibid.*

Review of *Theory and History of Bibliography*, by GEORG SCHNEIDER, trans. RALPH ROBERT SHAW, *ibid.*,

April, 1935, pp. 240–41.

Review of *A Union World Catalog of Manuscript Books*, Vols. I, II, and IV, by ERNEST CUSHING RICHARDSON, *ibid.*, July, 1935, pp. 351–52.

1937

"Irvingism as an Analogue of the Oxford Movement," *Church History*, VI, No. 2 (June, 1937), 101–12.

The Literary History of Scholarship. Chicago: Chicago Classical Club, 1937. pp. 13.

Review of *Lexikon des gesamlen Buchwesens*, by KARL LOFFLER and JOACHIM KIRCHNER, Band I, *Library Quarterly*, VII (January, 1937), 146– 47.

1938

"Opportunities for Historical Research in the Chicago Area," pp. 10– 14, in *Proceedings of the Conference of State and Local Historical Societies*. Chicago: Conference of Historical Societies, December 28, 1938.

Review of *Lexikon des gesamten Buchwesens*, by KARL LOFF-

LER and JOACHIM KIRCHNER, Band II, *Library Quarterly*, VIII (July, 1938), 418.

1939

Review of *Lexikon des gesamten Buchwesens*, by KARL LOFFLER and JOACHIM KIRCHNER, Band III, *Library Quarterly*, IX (October, 1939), 517–18.

Review of *Papers in Honor of Andrew Keogh*, by Staff of Yale University Library, *ibid.*, January, 1939, pp. 101–2.

1940

"The Cultural Import of Typography," *Bulletin of the Louisiana Library Association*, III, No. 4 (June, 1940), 3–9.

The Origin of Printing in Europe. Chicago: University of Chicago Press, 1940.

"The Research Worker's Approach to Books—the Humanist," pp. 270 – 83, in *The Acquisition and Cataloging of Books*. Chicago: University of Chicago Press, 1940.

1941

"The Present Doctrinal Crisis," *Anglican Theological Review*, XXIII, No. 4 (October, 1941), 275–85.

Review of *Ancient Libraries*, by JAMES WESTFALL THOMPSON, *College and Research Libraries*, VI (June, 1941), 257– 58.

1942

"A Possible Field for Book Conservation," *Library Quarterly*, XII (July, 1942), 399–403.

1943

"The Gutenberg Celebration of 1940: A Survey of the Literature," *Library Quarterly*, XIII (January, 1943), 63– 67. (Review article.)

The Reference Function of the Library: Papers Presented before the Library Institute at the University of Chicago, June 29 to July 10, 1942. Edited by PIERCE BUTLER, with a Foreword by LOUIS R. WILSON. Chicago: University of Chicago Press, 1943. pp. 366.

"Survey of the Reference Field," pp. 1– 15, in *The Reference*

Function of the Library. Chicago: University of Chicago Press, 1943.

1944

Scholarship and Civilization. Chicago: Graduate Library School, 1944. pp. 34.

Review of *Force and Freedom*, by JACOB BURCKHARDT, *Library Quarterly*, XIV (January, 1944), 68.

Review of *Man the Measure*, by ERICH KAHLER, *ibid.*, April, 1944, pp. 162–63.

1945

Books and Libraries in Wartime. Edited by PIERCE BUTLER. Chicago: University of Chicago Press, 1945. pp. 159.

"The Gutenberg Celebration of 1940," *Library Quarterly*, XV (October, 1945), 347–51. (Review article.)

"War in Library History," pp. 9–27, in *Books and Libraries in Wartime*. Edited by PIERCE BUTLER. Chicago: University of Chicago Press, 1945.

William A. Kittredge: A Memorial Address. Chicago:

R. R. Donnelley & Sons, 1945.

Review of *Shakespeare and Jonson*, by GERALD EADES BENTLEY, *Library Quarterly*, XV (July, 1945), 268–69.

1947

"The Professor and the Campus Library," *School and Society*, Vol. LXV, No. 1686 (April 19, 1947), 273–76.

1948

"The German Scholarly Libraries during the War," *Library Quarterly*, XVIII (April, 1948), 120 – 23. (Review article.)

1949

Report on a Survey of German University and Scholarly Libraries. By PIERCE BUTLER, REDMOND BURKE, C. S. V., and EDWIN WIBRACHT. Bad Nauheim, Germany: United States Military Government for Germany, 1949. pp. 149. (For limited circulation.)

1950

Review of "Religion and the Rise of Western Civilization," by Christopher Dawson, *Faith and Thought*(Monthly Bulletin of the Episcopal Church Council and the Canterbury Club at the University of Chicago), April, 1950.

1951

"Librarianship as a Profession," *Library Quarterly*, XXI (October, 1951), 235-47.

1952

"The Cultural Function of the Library," *Library Quarterly*, XXII (April, 1952), 79-91.

"Culture and Communication through the Ages." By PIERCE BUTLER and REDMOND BURKE, C. S. V. Mimeographed syllabus (Prelim. ed.). Chicago, 1952. pp. 105.

1953

"The Life of the Book," *Library Quarterly*, No. 3 (Jul., 1953), pp. 157-163.

Librarians, scholars and booksellers at midcentury: *papers presented before the sixteenth annual conference of the Graduate Library School of the University of Chicago*. Edited by PIERCE BUTLER. Chicago: University of Chicago Press, 1953. pp. 107.

译后记

作为一门近代科学的图书馆学产生于19世纪初的欧洲，现代图书馆学虽然发源于欧洲，但是真正得到巨大发展还是在美国。从19世纪下半叶开始，美国涌现出了一大批卓越的图书馆学家，如卡特（Cutter）、杜威（Dewey）、达纳（Dana）等，其中尤其是杜威，开创的实用主义图书馆学传统因契合其生活的19世纪中叶至20世纪初的社会需求，逐渐成为图书馆学主流范式。然而，进入20世纪，实用主义图书馆学的弊端日趋凸显，如缺乏深度理论思考、学术性不强等，从而也导致了图书馆学学科地位不高、缺少足够的尊重。为扭转这一局面，美国图书馆学教育开始改革，1926年芝加哥大学图书馆学研究生院的成立，可以称得上是图书馆学教育改革史上的标志性事件，而这其中芝大图书馆学研究生院教授皮尔斯·巴特勒（Pierce Butler）1933年出版的《图书馆学导论》（*An Introduction to Library Science*）无疑是一枚“重磅炸弹”，对实用主义图书馆学造成了猛烈的“打击”。

20世纪初，当社会学、教育学等学科纷纷争取独立成为一门科学时，图书馆学对此却表现出一种冷漠，而巴特勒在此时出版《图书馆学导论》，明确强调要把图书馆学从实用的经验主义阶段向前推进一步，提升到科学的图书馆学阶段。为此，巴特勒从社会学、心理学、历史学、图书馆事业实践等维度对图书馆学进行了科学的论证，并基于这些要素构建了图书馆学学科体系。这种运用新的科学思维模式与方法、将社会科学的理论引入图书馆学研究领域的尝试，突破了过往图书馆学界将图书馆学局限于实际活动的微观研究视野，“以一个恢弘的气度展现了一个多元化、同时又具深度的图书馆形象”[①]，拓展了图书馆学的内涵与外延，所以《图书馆学导论》被有关学者评价为“图书馆学思想发展的真正里程碑”、“在图书馆学思想的历史发展上具有划时代的意义”[②]，历史也已证明巴特勒的《图书馆学导论》确实是世界图书馆学发展史上的一部经典著作。

作为图书馆学史上的一部经典著作，我国学者李永安曾在1936年就将该书的部分内容译介至国内（载于《文华图书馆学专科学校季刊》，1936年第1期），不过由于李永安用词古奥，且“重写”色彩浓厚而并未引起学界的重视[③]。1945年徐家麟在《图书馆学报》上发表的《关于图书馆学认识的几点观察》一文中也介绍了巴特勒及其《图书馆学导论》，不过由于战时这篇

① 黄纯元．论芝加哥学派（中）［J］．图书馆，1998（1）：9.

② 袁咏秋，李家乔．外国图书馆学名著选读［G］．北京：北京大学出版社，1988：351.

③ 周余姣．一篇被忽略了的译文——巴特勒《图书馆学导论》在中国的首次译介［J］．图书馆杂志，2011（1）：12-15.

文章同样未引起足够的重视。此后由于战争及学习苏联等影响，《图书馆学导论》直到20世纪80年代才重新走进中国图书馆学界的视野，诸如《外国图书馆学名著选读》、《图书馆学情报学经典著作选读》等书都收录有《图书馆学导论》的部分内容，但完整的译本至今没有出现，这不得不说是中国图书馆学的一个遗憾，而这也是促使本人翻译《图书馆学导论》的一个重要原因。顺带一提，除《图书馆学导论》外，欧美不少经典图书馆学论著，中国目前都未翻译，我们对于欧美图书馆学论著的了解可能还是停留在一个"碎片化"的阶段。因此，衷心希望越来越多的学界同侪先进能够愿意"为他人作嫁衣"，投身于这项工作。

虽然《图书馆学导论》出版距今已有80余年的历史，但是重读此书发现该书的诸多内容仍然发人深省、给人启迪（王子舟教授在中译本导言中已有所阐释），这或许也是经典的魅力所在吧！然而，就我近几年的经历来看，不少图书馆学研究生乃至青年学者，对于图书馆学的诸多经典著作不仅没读过，有些甚至都不知道这些经典的存在，而这也是促使我翻译本书的第二个原因，希望图书馆学研究人员，特别是青年学者要注重经典的传承与阅读。

除上述两个原因以外，还有第三个原因。那就是读研究生以来我的学术兴趣逐渐转向民国图书馆学史、文献学，花在中文文本阅读上的时间远多于英文，为了让自己英语水平不退步太快，所以决定利用闲暇时间做一些翻译工作，以保持一定的英文阅读量。在翻译这本书的过程中，我也明显地感受到翻译对于保持以及提升英文能力的裨益。

我从 2014 年开始翻译《图书馆学导论》，期间由于撰写博士论文，断断续续到 2016 年才完成。完成后，在一个偶然的机会下，我和北京大学王波先生谈到了本书，王老师表示愿意介绍海洋出版社出版该书，经王波先生联系推荐，海洋出版社也同意将本书纳入出版计划，这也让我感到又惊又喜。没有王波先生的帮助，这本小书真不知何时才能问世。出版之事定下后，我抓紧对译文进行了二次修改，后又请美国北德克萨斯大学杜云飞教授帮忙审校，杜教授中英文俱佳，审校中不仅修改了译文中的一些讹误，还帮助润色了有关译文，大大提升了译本的质量。在此对王波先生及杜云飞教授致以最真挚的谢意！

此外，我还想郑重地感谢一下北京大学王子舟教授。2016 年中国图书馆学会第九届理事会学术研究委员会成立，王老师担任图书馆学基础理论专业委员会主任，承蒙王老师厚爱与提携，我得以忝列图书馆学基础理论专业委员会之中。本届基础理论委员会的工作任务之一就是译介国外重要的图书馆学理论论著。因此，当我以此中译本请王老师撰写一篇导读文字时，王老师欣然同意，并利用暑期时间完成了一篇长文，我深信这篇导读会帮助读者更深入地理解《图书馆学导论》。王老师时间非常宝贵，尤其是暑期家中还有一些家事，因此当收到这篇导言的时候，我的内心也是非常感动！王老师多年前就已经呼吁“重读近代图书馆学典籍的必要性”①，但愿越来越多的年轻学者能意识到阅读经典的重要性以及必要性！

在翻译出版过程中，海洋出版社在与国外出版社洽谈版权、编辑校对过程中付出了诸多辛劳。此外，周亚兄向我提供了其在美国访学期间搜集的关于巴特勒的珍贵档案资料，肖鹏兄也时时关心本书的翻译及出版进度，对于这些师友同样深表谢忱！

当然，任何翻译都是一次“重新阐释”，由于译者学识所囿，本译本难免存在不足，还望方家批评指正，本人的邮箱是 weizhaizhuren@163.com。最后我想借用阿尔维托·曼古埃尔在《阅读史》一书中的一句话作为结束：“翻译或许是一个不可能性、一次背叛、一场欺骗、一个发明、一道希望的谎言——但在过程中，它使读

① 王子舟．重读近代图书馆学典籍的必要性［J］．图书情报工作，2009，（11）：5-6.

者成为一个更有智慧、更好的听众：比较不确定、更为敏锐、更幸福”[①]！

谢欢

2017/9/2 晨于上海

① 阿尔维托·曼古埃尔．阅读史［M］．吴昌杰译．北京：商务印书馆，2002：340.